십대를 위한 미래 진로 교실

십대를 위한
미래 진로
교실

황윤하·박기홍 지음

푸른
지식

스스로 꿈을 찾게 해주는
미래 수업을 열며

윤하   기홍쌤, 드디어 미래 수업 시작이네요! 기분이 어떠세요?

기홍   새로운 친구들을 만난다는 생각에 설레고 두근두근합니다.
      윤하쌤은 어떠세요?

윤하   저도 마찬가지예요. 어떤 친구들을 만나게 될지 정말 기대됩
      니다. 제가 십대였을 때 생각도 나고요. 사실 저는 미래가 없
      는 학생이었거든요. 정확히 말하자면 다른 친구들과 별로 다
      르지 않은 미래를 꿈꿨죠. 똑같은 교복을 입고, 똑같은 책상
      앞에 앉아서, 튀는 행동은 잘하지 않았고요.

기홍   저랑 비슷하네요. 과학고를 다니던 저의 미래는 고민할 필요
      도 없이 당연히 카이스트 진학이었습니다. 그런데 막상 학교에

들어가고 나서는 무엇을 해야 할지 몰라 수업을 성실하지 듣지 못했죠. 결국 다른 친구들보다 늦은 나이에 졸업을 했고요.

윤하 저도 그래요. 어른이 되어서야 미래를 고민하기 시작했죠. '시간적 미래'가 아닌 '만들고 싶은 미래'를요. 그 시간이 10년은 걸린 것 같아요. 과학기술정책연구원 미래연구센터에서 연구원으로 일하며 미래의 다양한 가능성, 스스로 미래를 만들어 갈 수 있다는 매력에 푹 빠지게 됐죠. 기타로 작사·작곡하는 취미가 있었는데, 음악을 만드는 과정과 미래를 만들어가는 과정이 비슷하다고 느꼈어요. 자발적이고 창의적이어야 한다는 점에서 미래 연구와 예술 활동이 비슷하다는 생각도 들었고요. 이 재미있는 '미래 만들기'를 많은 사람과 나누고 싶다는 마음이 저를 여기까지 이끈 것 같아요.

기홍 저는 아들 지용이를 낳고 나서 진지한 고민을 시작했습니다. 자녀가 잘 자라서 훌륭한 어른으로 성장하는 것은 부모라면 누구나 바라는 일이겠죠. 그런데 빠르게 변화하고 모든 것이 불확실한 세상에서 무엇을 가르쳐야 할지 알 수 없었죠. 80년대 고성장, IMF 경제위기와 신자유주의 도입, 2008년 금융위기를 거치면서 제 생활방식은 줄곧 미래의 변화에 소극적으로 적응하는 것이었거든요. 제일 좋은 방법은 아이가 스스로 자기가 할 일을 찾아서 스스로 잘할 수 있게 돕는 것이라는 생각이 들었어요.

윤하 　카이스트KAIST 미래전략대학원에 진학한 것도 그 이유였나
　　　요?

기홍 　맞습니다. 여러 선생님들에게 미래 연구에 대해 배우면서 인생
　　　의 터닝 포인트를 맞이했죠. 특히 미래 탐색을 통해 스스로 미
　　　래의 변화를 일으킬 수 있다는 것을 배웠을 땐 진시황이 불로
　　　초를 찾은 기분이었습니다. 대학원을 졸업하면서 뜻이 맞는
　　　사람들과 국내 최초의 민간 미래 연구 협동조합인 한국미래전
　　　략연구소(한미소)를 설립한 것도 그런 이유에서였고요. 윤하
　　　쌤도 한미소에서 만나게 되었죠. 그 또한 예측할 수 없었던 큰
　　　인연이라고 생각합니다. 하하.

윤하 　네. 저도 기홍쌤을 만나게 되어 정말 기쁩니다. 요즘은 학문
　　　의 융합을 많이 이야기하잖아요. 과학과 인문의 만남! 우리
　　　둘의 조화도 하나의 융합이 아닐까요. 융합은 창의력의 시작
　　　이기도 하고요. 무엇보다 청소년들에게 미래 진로 교육이 꼭
　　　필요하다는 생각이 우리를 똘똘 뭉치게 했잖아요?

기홍 　맞습니다. 과거의 진로 교육은 아이가 적성과 흥미에 기반한
　　　적당한 직업을 선택하게 도와주고 그 직업을 위한 교육을 하
　　　면 충분했습니다. 하지만 앞으로 많은 직업이 사라진다고 하
　　　는 지금, 정답을 알려줄 수 있는 사람은 없습니다. 청소년 스
　　　스로 자신에게 맞는 미래의 꿈을 찾고 그 꿈을 이루기 위해 계
　　　획을 세워 노력한다면 얼마나 좋을까요?

윤하 맞아요. 우리 책에서는 "이 직업이 유망해요!"라고 말해주거나 "이 꿈을 가지세요!"라고 말하지는 않죠. 다만 '만들고 싶은 미래'가 없었던 친구들에게 다양한 방법으로 미래를 예측하고 상상할 수 있는 기회를 주죠. 미래에 대한 자립심을 키워준다고 할까요? "여러분은 어떤 미래를 꿈꾸나요?"라는 질문을 받았을 때 대답을 망설이거나, 자신감이 없는 친구들에게 이 책이 하나의 도움닫기가 되기를 바랍니다.

기홍 이 책에 나오는 만세, 별이, 유준이도 똑같은 고민을 하고 있죠?

윤하 그렇죠. 그럼 지금부터 미래 수업을 시작해볼까요?

기홍, 윤하 출발!

2017년 12월
한국미래전략연구소 황윤하, 박기홍

차례

머리말 스스로 꿈을 찾게 해주는 미래 수업을 열며   4

1부 마음껏 상상해도 괜찮아

미래와 친해지기, 어렵지 않아   14

더 알아보기 _ 우리는 왜 미래에 관심을 기울여야 할까?   31

미래로 떠나는 세 가지 비밀 열쇠   34

더 알아보기 _ 사람들은 언제부터 미래를 궁금해했을까?   55

엉뚱하고도 용감한 생각   58

더 알아보기 _ 엉뚱한 상상이 미래를 바꾼다   77

2부 미래는 과연 어떤 모습일까

오르락내리락, 한 줄로 그려보는 다양한 미래   82

더 알아보기 _ 미래에 관심이 많은 나라들   102

내가 최고야! 초고층 건물이 빛나는 거대 도시   105

더 알아보기 _ 빈곤도 기술 발달로 해결한다고?   123

모든 것이 망했다고? 다시 시작하면 돼　　　　127

더 알아보기 _ 끝이 아닌 새로운 시작을 꿈꾸다　　　143

도덕과 절제가 최고의 미덕인 군자의 나라　　　146

더 알아보기 _ 환경과 미래 세대를 먼저 생각하는 사회　　　163

로봇과 인간이 서로 사랑하는 사이가 된다고?　　　166

더 알아보기 _ 인간은 더는 세상의 중심이 아니다　　　184

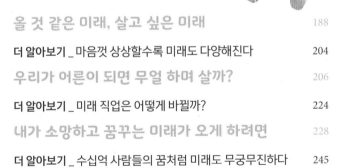

3부 나는 미래에 무얼 하며 살까

올 것 같은 미래, 살고 싶은 미래　　　188

더 알아보기 _ 마음껏 상상할수록 미래도 다양해진다　　　204

우리가 어른이 되면 무얼 하며 살까?　　　206

더 알아보기 _ 미래 직업은 어떻게 바뀔까?　　　224

내가 소망하고 꿈꾸는 미래가 오게 하려면　　　228

더 알아보기 _ 수십억 사람들의 꿈처럼 미래도 무궁무진하다　　　245

맺음말　미래의 무한한 가능성을 믿고 즐겨라　　　254

부록　　내가 살고 싶은 미래는? _ 청소년 선호 미래 검사　　　259

등장인물

미래쌤

질문이 많은 수업을 꿈꾸는 미래 연구자. 작은 씨앗 속에서도 무한한 가능성을 발견할 수 있는 청소년이 많아지도록 미래를 연구하고 가르친다. 새로운 기술이나 개념을 적용하고 실험해보는 것을 좋아한다.

차유준

미래에 의사가 되는 것이 꿈인 소년. 의사 외에 다른 꿈은 한 번도 상상해본 적 없다. 계획 세우는 것과 계획대로 차근차근 진행하는 것을 좋아한다. 아는 것이 많아 차 박사님의 줄임말 '차박'이라는 별명으로 불린다.

김별이

아이디어가 반짝이지만 건망증이 있어
잘 잊어버리는 덜렁이. 하나에 집중하는 대신
이것저것에 다양하게 관심을 보이는 호기심이
많은 소녀. 동물과 대화하는 것을 좋아한다.

강만세

꿈도 없고 내일도 궁금하지 않은 소년.
꿈은 잠잘 때나 꾸는 것으로 생각한다.
좋아하는 것은 게임. 세상도 게임처럼
재미있고 환상적이었으면 좋겠다.
게임에 비해 세상은 너무 지루하다.

22번

조용히 수업에 참석해 조용히 사라지는
미스터리한 학생. 옷차림이 독특하다.
까무잡잡한 피부에 금발 등 다양한 인종의
특성이 섞인 외모이다. 이름 대신 22번으로
불린다.

마음껏
상상해도
괜찮아

미래와 친해지기,
어렵지 않아

미래는 발명이다.
- 짐 데이터

만세 그래서 오늘부터 뭘 배운다고?

유준 미래.

별이 미래를 어떻게 배워? 쌤은 누구래?

유준 나도 잘 몰라. 미래를 연구하는 쌤이라는데.

만세 나는 프로게이머 인터뷰하고 싶었는데. 어휴.

별이 나도 어떤 수업 들을지 고민하다 얼떨결에 왔어. 근데 미래를
      연구한다는 게 뭔지 궁금하긴 하다.

만세 차박, 벌써 필기할 준비해?

유준 나중에 기사로 쓰려면 오늘 잘 적어놔야지.

별이 맞다. 이거 교내 신문에 낸다고 했지.

유준　이번 수업 내용 정리해서 봄 특집 기사로 쓰기로 했어. '미래를 배울 수 있다고?'라는 제목으로.

별이　역시 차 박사님!

만세　어휴, 벌써 졸리다.

별이　앗, 쌤 오신 듯.

미래쌤　여러분, 안녕하세요? 오늘부터 여러분과 함께 수업하게 된 미래쌤이에요. 만나서 반갑습니다.

유준　안녕하세요.

별이　쌤, 안녕하세요. 근데 쌤 이름이 미래예요?

미래쌤　본명은 아니고 별명이에요. 여러분은 앞으로 '미래'를 알아갈 텐데, 시간적 '미래'는 물론 쌤인 저 '미래'와도 친해졌으면 좋겠어요.

별이　쌤, 저는 김별이예요. 별명 아니고 이름이요.

미래쌤　반가워요. 이름 참 예쁘네요. 이름처럼 눈동자가 반짝반짝해요.

만세　쌤, 반짝반짝한 게 아니라 깜빡깜빡해요. 잘 잊어버리고 맨날 넘어지고 암튼 덜렁이예요.

별이　헐. 쌤, 강만세는 벌써부터 삐딱해서 불만이 엄청 많아요. 엄청 시니컬해요. 세상을 좀 밝게 봐라, 좀.

미래쌤　별이와 만세가 서로 소개해주네요. 평소에도 이렇게 사이가 좋은가요?

별이, 만세　아니거든요! 완전 안 친하거든요!

미래쌤 별이와 만세, 만나서 반가워요.

유준 쌤, 안녕하세요. 차유준이라고 합니다. 저는 의사가 될 거고요, 세상의 모든 불치병을 고치는 게 제 꿈이에요.

미래쌤 유준이는 미래의 꿈으로 자기소개를 해주었군요. 별이와 만세도 소개하고 싶은 꿈이 있나요?

별이 음, 저는요……, 쌤, 하고 싶은 게 너무 많아요. 여행 작가도 하고 싶고, 우주 비행사도 하고 싶고, 변호사도 하고 싶고 또, 또…….

만세 통역사도 하고 싶다며?

별이 맞다, 통역사!

만세 하여간 깜빡깜빡하긴.

별이 미래쌤을 보니까 미래쌤도 하고 싶다.

만세 쌤, 저는 꿈 없는데……. 꿈이 꼭 있어야 해요?

미래쌤 꿈이 꼭 있어야 하는 건 아니에요. 꿈보다 중요한 건 미래를 대하는 태도예요. 얼마나 자신감 있게 미래를 맞이하느냐, 그게 더 중요하죠.

별이 쌤 오시기 전에 수업에서 뭘 배우는 거냐고 저희끼리 이야기했었는데, 진짜 뭐 배워요?

만세 사실 미래라는 말도 모호해요. 미래가 대체 언제예요?

유준 미래는 내일 아닌가?

만세 한 시간 뒤는?

별이   1분 뒤는?

유준   머리가 아파지네.

미래쌤 오늘 처음 만났지만 앞으로 수업이 아주 재미있을 것 같은데
      요. 그럼 본격적으로 수업을 시작해볼까요?

만세   이제 공부하는 거? 어휴.

미래쌤 수업은 수업이지만 여러분이 평소에 하는 공부와는 조금 다를
      거예요. 미래는 문제를 풀거나 필기하면서 배우기는 어렵거든
      요. 미래는 아직 오지 않는 시간이지만 놀랍게도 미래를 연구
      하는 사람들이 있답니다. 쌤도 그중 한 사람이고요.

유준   아직 오지도 않은 시간을 어떻게 연구해요?

미래쌤 첫 번째 질문. 세 사람이 생각하는 미래는 어떤 모습이에요?
      시간은 20년 후.

만세   망할 것 같아요.

별이   어이구, 부정적이긴.

유준   저는 의사가 돼서 행복하게 잘 살고 있을 것 같아요. 한국도
      지금보다 강대국이 돼 있을 것 같고요.

별이   쌤, 저는 정말 모르겠어요. 머리가 막 복잡해져요. 음, 지금이
      랑 많이 다를 것 같은데……, 외국에 살 것 같기도 하고……,
      암튼 다양한 친구를 많이 사귈 거예요.

만세   너 '헬로' 밖에 할 줄 모르잖아.

별이   인사가 제일 중요하거든!

유준 걱정하지 마. 자동 통역기가 나올 거야.

미래쌤 지금 답한 걸 보면 세 사람 답이 다 다르죠. 미래를 연구한다
는 건 정답으로 정해진 하나의 미래를 찾아내는 게 아니라 사
람들이 상상하는 다양한 미래 모습을 발견하고 그 의미를 연
구하는 거예요. 우리 교실에도 벌써 세 개의 미래가 있네요.

별이 뭔가 알 듯 말 듯 해요.

미래쌤 다행히도 미래와 친해지는 3원칙이 있어요. 이걸 알면 모호하
고 어려운 미래가 조금은 쉬워질 거예요.

유준 쌤이 만드신 거예요?

미래쌤 미국 하와이대학의 미래학자인 짐 데이터Jim Dator 교수가 만든
거예요. 1세대 미래학자라고 할 수 있죠. 연세가 80대 중반이
신데 아직도 오토바이를 타고 다니시는 재미있는 분이세요.
하와이대학에는 미래학을 배울 수 있는 미래학연구소도 있답
니다.

유준 학과도 있다고요?

만세 미국이잖아.

미래쌤 사실 한국에도 미래학을 배울 수 있는 학교가 있답니다. 2013년
카이스트에 미래전략대학원이 생겼죠.

별이 오, 처음 들어봐요.

미래쌤 대학교도 그렇지만 여러분 같은 청소년과 미래 수업을 하게
된 지도 얼마 안 되었어요. 앞으로는 미래를 전문적으로 공부

할 수 있는 곳이 늘어나리라고 생각해요. 미래가 점점 불확실해지면서 좋은 미래, 좋은 길이라는 정답이 사라지고 있으니까요. 여러분과 함께하는 미래 수업이 앞으로 많은 청소년에게도 의미가 있으리라고 기대합니다.

별이 저흰 그냥 평범한 애들인데요.

만세 차박이 있잖아.

미래쌤 미래 수업에 특별히 적합한 학생은 없어요. '나는 미래를 모르겠어. 하지만 궁금해.' 하는 마음만 있으면 되죠.

별이 오, 그럼 제가 딱 맞는데.

유준 누구나 다 궁금하지 않을까요?

미래쌤 맞아요. 우리 미래 수업은 모든 학생에게 열려 있죠.

유준 근데 연구소라고 하면 전문적일 것 같고, 대학원에서도 배운다면 청소년에게는 어려울 것 같아요.

만세 (하품하며) 하.

미래쌤 막상 배워보면 어렵지 않을 거예요. 딱 세 가지만 기억하면 오늘 수업 끝.

만세 쌤들은 다 어렵지 않다고 하던데, 과연…….

미래쌤 하하. 그럼 첫 번째 원칙부터 볼까요?

제1원칙, 누구도 미래(the future)를 예언할 수 없다:

미래쌤 어때요. 동의하나요?

유준 쌤, 고대 그리스에는 예언자가 있었던 걸로 아는데요? 델포이 신전에서 무녀가 미래를 예언하고 잘 맞혔다는데, 그럼 예언 자도 있고 예언도 할 수 있는 것 아닌가요?

미래쌤 유준이는 역사 지식이 풍부하네요.

별이 차유준 별명이 차박이에요. 차 박사님이라고.

미래쌤 유준이 말처럼 고대 그리스의 델포이 신전에서 무녀들이 미래 를 예언했었죠. 그런데 무녀들은 하나의 미래를 예언했을까 요, 여러 개의 미래를 예언했을까요?

만세 당연히 하나죠. 여러 개면 아무거나 마구 말하게요? 점쟁이도 그러잖아요. 동쪽으로 가면 귀인을 만난다. 근데 못 만나면 돈을 좀 더 내야 한다.

별이 킥킥.

미래쌤 잘 말했어요. 예언은 결국 하나의 미래만을 말하게 돼요. 그 런데 우리가 배울 미래는 단 하나의 정답 같은 미래가 아니에 요. 이 수업을 마치면 미래를 정확히 맞힐 수 있습니다! 이런 것도 아니고요.

유준 그럼 막 아무렇게나 상상해버리면 끝이겠네요? 정답이 없으 니까요.

별이 근데 좋은 미래라는 건 있지 않을까? 다 망하고, 멸망하 고……. 그런 미래는 안 왔으면 좋겠어.

미래쌤 여러분이 토론하고 질문하니 수업이 활기차지네요. 이제 두 번째 원칙을 볼 때가 된 것 같군요.

제2원칙, 그러나 다양한 미래들(futures)은 예측할 수 있다.

별이 미래들?

유준 다양하게?

미래쌤 제2원칙은 우리 수업의 핵심이라고도 할 수 있어요. 하나의 미래를 딱! 맞힐 수는 없지만, 다양한 미래를 예측할 수는 있죠. 특히 사회의 미래를 예측할 때는 반드시 다양한 가능성을 탐색해봐야 해요. 미래 예측을 어렵게 생각할 수도 있는데, 여러분도 인구 증가율을 예측한 건 들어봤을 거예요. 과거의 데이터로 미래를 예측하는 방법이죠.

유준 그러면 과거 데이터를 열심히 들여다보면 미래가 보이겠네요?

미래쌤 그것도 미래를 예측하는 하나의 방법이에요. 역사를 통해 배운다는 말도 있죠. 그런데 그것만으로는 다 알 수 없는 시대가 되었어요. 인구처럼 예측이 쉬운 데이터도 있지만, 대부분의 것은 미래를 100퍼센트 확신할 수는 없습니다.

별이 미래를 알면 사고도 막을 수 있을 텐데.

미래쌤 위험에 대비하는 것. 그것도 미래를 다양하게 예측해야 하는 이유예요.

만세   미래를 다양하게 예측하면 뭐가 달라져요?

미래쌤   예를 들어보죠. 여러분이 캄캄한 밤길을 걸어가게 되었습니다. 둘 중 하나를 선택해보세요. 첫 번째는 작은 손전등 하나를 들고 간다. 두 번째는 손전등, 지도를 가지고 길을 잘 아는 친구까지 함께 간다.

별이   쌤, 답이 너무 쉬워요. 당연히 두 번째죠.

미래쌤   다양한 미래를 예측해본다는 건 두 번째 상황 같은 거예요. 밤길의 위험을 다 제거할 수는 없지만, 손전등 하나에만 의지해서 가는 것보다는 훨씬 좋은 상황을 만들 수 있죠. 다양한 준비를 통해서요. 또 손전등이 두 개, 세 개라면 더 환하게 비출 수 있겠죠? 이렇게 시야가 넓어지면 더 멀리, 더 넓게 볼 수 있고요. 좋은 레이더를 가진 탐사선을 생각해보세요. 볼 수 있는 영역이 넓어지면 위험을 더 잘 대비할 수 있습니다. 다양한 미래를 상상한다는 건 볼 수 있는 영역이 넓어진다는 뜻이에요.

만세   근데 쌤, 김별이랑 갈 바에는 혼자 가는 게 나을 듯. 더 헷갈릴 것 같아요.

별이   나도 똑똑한 유준이랑 갈 거야.

미래쌤   미래를 준비할 때도 믿을 수 있는 친구가 함께 있으면 좋겠죠. 특히 개인적인 꿈이 아닌 사회의 미래, 우리나라의 미래를 생

각해볼 때는 주위 사람들과 이야기를 나눠보는 것이 중요해요. 미래는 결코 혼자서 만들어갈 수 없거든요.

유준   쌤.

미래쌤   네, 질문 있나요?

유준   저는 만세랑 갈래요. 아무래도 힘도 더 세고.

별이   헐.

만세   킥킥.

미래쌤   아까부터 심각한 표정이더니 그걸 고민한 거군요. 셋이 가면 둘이 가는 것보다 더 좋지 않을까요?

별이   쌤도 같이 가요.

미래쌤   쌤도 끼워주는 건가요? 고맙습니다. 제1원칙과 제2원칙, 어렵지 않죠?

만세   대충은 알 것 같아요.

유준   하나의 미래가 아니라 다양한 미래를 예측해야 한다, 이거죠?

별이   누구도 미래를 맞힐 수는 없고요.

미래쌤   다들 벌써 미래 연구자가 된 것 같은데요?

유준   히히.

미래쌤   그럼 마지막 원칙을 보겠습니다.

미래쌤   하나의 미래가 아닌 다양한 미래를 예측해봐야 한다는 건 이제 다들 알았죠? 그런데 마지막 원칙도 아주 중요하답니다.

별이   모르는 영어.

미래쌤 아까는 그냥 미래였는데 갑자기 미래가 길어졌죠. 소망하는
미래는 무엇을 뜻하는 걸까요?

유준 여기서 '디자이어러블desirable'이란 바람, 소망을 뜻하는 명사
'디자이어desire'에서 비롯된 형용사로서 '바람직한', '소망하는'
이라는 뜻이 있고…….

만세 나왔다, 차박.

미래쌤 맞아요. '디자이어'는 바람, 희망과 연결된 단어죠. 중요한 건
어떤 미래를 소망할 뿐 아니라 이를 발견하고 만들어갈 수 있
다는 부분이에요. 여러분은 제3원칙에 동의하나요?

만세 저처럼 꿈이 없는 사람은 어떻게 해요? 뭐가 있어야 만들죠.

미래쌤 그래서 '발견'이라는 말이 나온 거랍니다. 우리 수업을 통해 소
망하는 미래를 발견할 수 있다면 어떨까요.

별이 저처럼 꿈이 많은 사람은요? 이것저것 준비만 하다가 뻗어버
릴 듯.

유준 저는 의사라는 확실한 소망이 있어서 걱정 없어요.

미래쌤 여기서 말하는 소망하는 미래는 유준이처럼 하나의 직업이 될
수도 있고, 바라는 사회의 모습일 수도 있어요. 중요한 건 소

25

망하는 미래 역시 딱 하나일 수는 없고, 여러분 같은 청소년뿐 아니라 쌤 같은 어른도 끊임없이 그것을 찾아 나가야 한다는 거예요.

만세   어른도요?

별이   어른도 꿈이 필요해요?

미래쌤   그럼요. 누구도 미래를 예언할 수 없다고 했죠? 어른은 물론 이고 저명한 박사나 전문가도 마찬가지예요. 소망하는 미래 는 내가 꼭 도달하고 싶은 목적지와 같은 거죠. 그걸 '꿈'이라 는 말로 표현할 수도 있고요.

별이   갑자기 어려워졌어요, 쌤.

미래쌤   아까 밤길 가는 걸 예로 들었죠?

별이   네.

미래쌤   다시 출발한다고 상상해보세요. 별이는 어디로 갈 건가요?

별이   글쎄요. 먼저 간 사람들이 있으면 따라갈래요.

미래쌤   그 사람들은 어디로, 왜 갔을까요?

별이   잘 모르겠는데요. 일단 출발해서 사람들이랑 이야기도 하고, 가면서 가고 싶은 곳을 찾아볼래요.

미래쌤   만세와 유준이는 어때요?

만세   꼭 가야 하는 거예요?

미래쌤   네, 꼭 가야 해요.

만세   게임을 하러 가도 돼요?

미래쌤 하하, 만세가 원하면요.

유준 저는 일단 지도를 보고 가고 싶은 곳을 찍을 것 같아요.

미래쌤 왜 그렇죠?

유준 가다가 길을 잃어버릴 수도 있잖아요.

미래쌤 세 사람 다 잘 대답해주었어요. 소망하는 미래라는 건 '방향'이라고 할 수 있어요. 좋은 손전등, 지도, 친구가 있어도 어디로 갈지 모르면 어떻게 될까요? 어디로 가는지 알 수 없으면 가지고 있는 도구들도 쓸모없어지고, 계속 헤매게 되겠죠.

만세 저는 헤매는 중인 듯.

미래쌤 만세가 헤매는 중이라면 별이는 여기저기 가고 싶은 곳은 많은데 어디로 갈지 정하지 못해 고민하는 중이고, 유준이는 딱 목적지를 정해놓고 거침없이 가는 중이라고 할 수 있겠네요. 그런데도 재미있는 건, 미래가 어떻게 될지…….

별이 알 수 없다는 거?

미래쌤 맞아요. 대신 우리 세 친구는 좋은 손전등, 좋은 지도, 좋은 친구가 중요한 걸 아니까 가는 길이 두렵지만은 않을 것 같네요.

만세 올! 쌤, 마무리 감동적.

별이 너처럼 부정적인 애가 웬일?

유준 쌤, 미래가 어떻게 될지 모른다는 건 제가 의사가 안 될지도 모른다는 거예요? 갑자기 걱정되는데요.

미래쌤 지금 상상하는 것보다 훨씬 멋진 의사가 되어 있을지도 모르죠. 유준이는 다른 친구들보다 소망하는 미래가 구체적이니까, 무엇을 준비해야 할지도 잘 알 거예요. 어떻게 될지 모르는 게 두렵기도 하지만, 기대가 되기도 하지 않나요?

별이   쌤, 그럼 쌤의 소망하는 미래는 뭐예요?

만세   쌤은 온갖 캠핑 장비 다 갖고 있을 듯. 자격증도 많고.

유준   쌤은 어릴 때 꿈을 이루셨어요?

미래쌤 하하, 갑자기 질문이 많아졌네요. 벌써 미래랑 친해진 것 같군요. 근데 어쩌죠. 이제 끝날 시간인데. 앞으로 계속 만나게 될 테니 다음 시간에 더 이야기 나누지요.

별이   아쉽다.

유준   다음 시간에는 뭐 해요?

미래쌤 미래를 예측할 수 있는 세 가지 비밀 열쇠를 가져올게요.

만세   먹으면 레벨 올라가요?

별이   게임이랑 현실 구분 안 됨?

미래쌤 다음 시간에 와보면 알겠죠?

22번   (부스스) 쌤.

별이   헐, 깜짝이야.

만세   누구야?

유준   몰라.

22번   쌤, 저 화장실 다녀올게요.

미래쌤 네, 다녀오세요.

(22번이 나간다.)

별이 쟤 한복 입은 건가?

유준 두루마기 같았어.

만세 롱코트 아니고?

별이 이제 봄인데.

미래쌤 음, 새 친구랑은 다음에 다시 인사해야겠네요. 자, 그럼 다음
       시간에 만나요!

별이 네, 쌤. 다음 시간에 만나요!

만세 아이템 꼭 갖고 오세요.

유준 수고하셨어요!

22번 …….

함께하는 미래 수업 ▸▸

미래 연구의 세 가지 원칙, 어렵지 않죠? 원칙마다 미래라는 단어가 나오지만 그 의미는 조금씩 달랐어요. 수업 내용을 기억하면서 한 번 더 미래 연구의 세 가지 원칙을 완성해봅시다.

제1원칙, 누구도 _____ (_____)를 예언할 수 없다.
제2원칙, 그러나 _____ 미래들(_____)은 예측할 수 있다.
제3원칙, 이를 바탕으로 _____ (_____)를 발견하고 만들어갈 수 있다.

와, 첫 수업인데 벌써 다 쓴 거예요? 대단한데요! 이제 정답 없는 질문을 해볼게요. 여러분은 '소망하는 미래'가 있나요? 자신의 꿈도 좋고, 사회의 미래도 좋아요. 내가 혹은 사회가 어떻게 변화하길 기대하나요? 내가 소망하는 20년 후 미래를 써봅시다.

쓰기가 쉽지는 않죠? 소망하는 미래를 발견하고 개발하고 실현하는 건 누구에게나 쉽지 않은 일이에요. 소망하는 미래가 여러 개일 수도 있고, 바뀔 수도 있죠. 친구들과 미래에 관해 대화를 나눠보세요. 내가 미처 몰랐던 새롭고 멋진 미래를 발견할 수도 있답니다.

우리는 왜 미래에 관심을 기울여야 할까?

여러분에게 미래를 알 수 있는 능력이 생긴다면 무슨 일을 하고 싶으세요? 내일 치는 시험 문제를 미리 알 수 있다면, 다음 주 복권 당첨 번호를 미리 알 수 있다면……. 이런 즐거운 상상을 해본 적이 없나요? 미래를 알 수 있다면 얼마나 좋을까요?

그래서 사람들은 예로부터 미래를 알고자 큰 노력을 기울여왔습니다. 과학이 발달하기 이전 고대 그리스에서는 왕이 중요한 일을 앞두고는 신전을 찾아가서 그곳의 무녀에게 신의 예언을 받곤 했습니다. 요즘도 취업, 결혼, 승진을 앞두고 용한 무당을 찾아가는 어른을 본 적이 있을 겁니다.

18세기 근대과학이 발달하던 시기에 뉴턴과 같은 과학자들은 '1+1=2'인 것처럼 원인을 알면 그 결과도 알 수 있다고 생각하여 복잡한 계산을 풀기만 하면 미래를 알 수 있으리라고 여겼습니다. 대표적인 예로 프랑스의 유명한 과학자이자 철학자인 라플라스는 "우주의 모든 원자의 정확한 위치와 운동량을 알 수 있다면 미래를 맞힐 수 있다."라고 말하기도 했습니다.

20세기에 들어서는 컴퓨터를 이용해서 미래를 예언하려는 시도가 여러 차례 이루어졌습니다. 하지만 현대의 발달한 과학기술로도 미래를 예언하기는 쉽지 않습니다. 쉬운 예로 일기예보를 들 수 있습니다. 우리나라에서 가장 성능이 뛰어난 슈퍼컴퓨터 1, 2위가 어디에 있을까요? 바로 기상청입니다. 뛰어난 성능의 슈퍼컴퓨터로도 내일 날씨를 맞히기는 쉽지 않습니다. 현재 그 정확도는 70퍼센트 정도라고 합니다. 일주일 뒤는 정확도가 50퍼센트 정도로 떨어지고, 한 달 후의 날씨를 맞히기는 사실 불가능에 가깝습니다. 이것은 "중국 베이징에 있는 나비의 날갯짓이 다음날 미국 뉴욕에서 폭풍을 발생하게 할 수도 있다."라는 말처럼 날씨를 변화하게 하는 요인은 단순하지 않고, 초기의 미묘한 차이가 큰 변화를 일으킬 수 있기 때문입니다.

그래도 과학기술이 매우 발달한다면 미래를 예측할 수 있지 않을까요? 그럴지도 모릅니다. 하지만 미래를 알게 되는 순간 사람들은 미래에 대응하여 행동하므로 미래는 또다시 변화할 수 있을 것입니다. 〈마이너리티 리포트〉라는 영화는 범죄를 저지르기도 전에 미리 범죄자를 체포하는 미래 사회를 배경으로 하는데, 설령 미래를 정확히 '볼' 수 있다 하더라도 미래를 모두 '알' 수는 없는 상황을 잘 보여줍니다.

그렇다면 미래는 알 수가 없는 것인데, 어떻게 미래를 연구할 수 있는 것일까요? '미래'라고 하는 것은 마치 하늘에 떠 있는 별처럼 항상 '현재'의 앞에서 아른거립니다. 눈에 보이고 손으로 만질 수 있는 것이 아닙니다. 그래서 연구하기가 쉽지 않습니다. 하지만 사람들이 생각하는 다양한 미래의 모습은 눈으로 볼 수도 있고 만질 수도 있습니다. 사람들의 상상 속에 있는 미래의 모습은 그들과의 대화를 통해서 알 수가 있습니다.

　이처럼 미래를 연구하는 것은 마치 역사학자가 고서와 유물로 과거를 연구하는 것처럼, 다양한 자료와 사람들의 생각을 바탕으로 미래의 모습을 연구하는 것입니다. 우리는 왜 미래를 연구하는 것일까요? 이를 바탕으로 미래에 예상되는 위험에 대비하고 많은 사람이 바라는 더 나은 세상을 만들 수 있다고 믿기 때문입니다.

미래로 떠나는
세 가지 비밀 열쇠

 미래는 예측하는 것이 아니라 상상하는 것이다.
-앨빈 토플러

만세   지난주에 뭐 비밀 아이템? 이런 거 한다고 하지 않았나.

유준   세 가지 비밀 열쇠.

별이   생각보다 수업이 지루하진 않았어. 나는 뭐 외우고 받아 적고
　　　 그런 수업인 줄.

만세   오늘은 다를지도 모르지.

별이   강만세가 안 자는 것 자체가 대단.

만세   김별이가 기억하는 것 자체가 대단.

별이   헐.

만세   헐헐.

유준   아직까진 잘 모르겠어. 미래를 확실히 준비할 수 있게 해주는

법, 이런 거 알려주는 줄 알고 기대했는데. 만능 진로 비법! 이런 거.

별이 　앗, 미래쌤 오셨다.

　　　　(미래쌤이 들어온다.)

미래쌤 　모두 잘 지냈나요?

별이 　네, 쌤. 보고 싶었어요.

미래쌤 　쌤도 그래요. 오늘은 지난 시간에 이야기했던 것처럼 미래를 예측할 수 있는 세 가지 비밀 열쇠를 가져왔어요. 이것만 있으면 시간 여행을 할 수 있죠.

별이 　시간 여행이요? 타임머신 타는 거예요?

미래쌤 　하하. 별이가 말한 대로 타임머신을 탈 수도 있겠죠. 상상 타임머신!

만세 　에이, 진짜 타임머신이 아니잖아요.

미래쌤 　아쉽지만 오늘은 상상력을 에너지로 삼아 날아가 보죠. 상상력을 모아서 20년 후 미래, 20년 전 과거로 가볼 거예요.

유준 　40년의 시간 여행을 하는 거네요.

미래쌤 　그렇죠.

만세 　말도 안 돼.

미래쌤 　말이 되는지 안 되는지 한 번 떠나볼까요?

별이 　네!

유준 　넵.

만세　(하품하며) 하.

미래쌤　미래를 잘 상상하려면 세 가지 열쇠가 필요해요. 이것만 알면 20년, 100년, 1000년 후까지도 상상할 수 있답니다.

별이　오호.

미래쌤　한 번 따라서 해볼까요. 첫 번째, 계속 있는 것.

모두　계속 있는 것.

미래쌤　두 번째, 사라진 것.

모두　사라진 것.

미래쌤　마지막이니까 좀 더 우렁차게 외쳐볼게요. 세 번째, 새로 생긴 것!

모두　새로 생긴 것!

미래쌤　좋아요. 이제 여러분은 시간 여행을 할 수 있는 비밀 열쇠 세 개를 가진 거예요.

별이　벌써요? 무슨 말인지 잘 모르겠어요.

만세　넌 원래 깜빡이잖아.

별이　내가 아무리 잘 까먹어도 네가 나한테 빌려간 1000원은 절대 안 잊어버리거든. 얼른 갚아!

만세　(콧구멍을 후비적거린다.)

유준　쌤, 한 번만 다시 이야기해주세요.

미래쌤　유준이는 필기할 준비를 하고 있네요. 좋아요. 그런데 적지 않아도 수업을 마칠 무렵에는 자연스럽게 기억할 수 있을 거예요. 계속 있는 것, 사라진 것, 새로 생긴 것은 무엇이 있을까? 이런 질문을 던지며 미래를 상상해보는 거죠.

만세 질문이 비밀 열쇠라고요?

미래쌤 맞아요. 이 질문을 하면 어려워 보이는 미래와도 쉽게 친해질 수 있답니다.

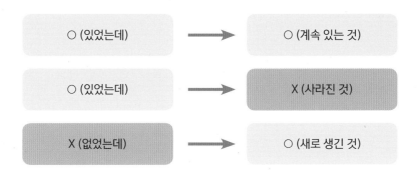

미래쌤 간단하죠?

별이 정말 저 질문만 알면 미래를 알 수 있어요? 너무 간단한데.

미래쌤 그럼, 본격적으로 미래 여행을 시작해볼까요? 쉬운 질문부터 해볼게요. 20년 후면 여러분은 어떻게 살고 있을까요?

별이 완전 어른인데.

만세 저는 수염 기를 거예요.

미래쌤 수염 기른 만세도 멋있겠네요.

별이 저는 하고 싶은 게 너무 많아서 상상이 잘 안 돼요.

유준 저는 의사요.

미래쌤 좋아요. 그런데 자기 미래 말고 사회의 미래를 상상해보죠.

별이 사회의 미래요?

미래쌤 예를 들어서, 미래의 학교는 어떤 모습일까? 물가는 어떨까? 정치는 어떨까? 환경은 어떨까? 대중교통은 어떤 모습일까? 스마트폰은 계속 쓸까? 휴일에는 무엇을 하고 놀까? 이런 질문에 답해보는 거죠.

유준 휴. 20년 후를 자세하게 알기는 좀 어려울 것 같아요.

별이 쌤, 다음 날 날씨 예보도 자주 틀리잖아요.

미래쌤 유준이는 표정이 심각해졌네요.

만세 저는 걱정 없어요. 어떻게든 되겠죠.

미래쌤 그래요. 때로는 만세처럼 여유로운 자세가 필요해요.

별이 올! 만세가 칭찬을 받네?

만세 그냥 말해본 건데.

미래쌤 유준의 신중함과 만세의 여유로움, 둘 다 필요해요.

별이 저는요?

미래쌤 별이의 반짝이는 호기심도 아주 중요하고요.

별이 하하.

미래쌤 방금처럼 막연하게 상상하면 미래가 어떻게 될지 잘 떠오르지 않지요. 그래서 세 가지 열쇠, 세 가지 질문이 필요한 거죠. 오늘 수업의 핵심은 바로 '세 가지 질문으로 미래를 예측해본다.'라는 것입니다.

별이   그러니까 계속 있고, 사라지고…….

유준   새로 생긴 것.

만세   이제 미래를 예측할 수 있는 거예요?

미래쌤   그렇죠. 그런데 그 전에 중요한 한 단계가 더 있어요. 미래로 가기 전에 과거로 가보는 거죠.

만세   에이, 과거는 시시해요.

미래쌤   왜 시시해요?

만세   미래는 모르지만 과거는 다 알잖아요.

별이   지난번 만세 역사 점수가 몇 점이었더라?

만세   너랑 동점이었잖아.

별이   맞다.

미래쌤   만세가 중요한 말을 해주었어요. 미래는 알 수 없지만 과거는 알 수 있죠. 우리는 역사를 통해서 과거를 알 수 있어요. 그런데 미래는 과거, 현재와 동떨어진 것이 아니에요. 과거가 쌓여서 현재가 되고 다시 현재가 미래로 이어지죠. 이처럼 과거·현재·미래는 서로 연결되어 있어요. 그래서 미래를 알고 싶으면 먼저 과거를 돌아보아야 해요. 예를 들어 20년 후를 보고 싶으면, 20년 전으로 먼저 가보는 거죠. 과거와 현재 사이에 무엇이 바뀌었을까? 무엇이 그대로일까? 무엇이 새로 생겼을까? 이 질문의 답을 고민하다 보면 미래도 재미있게 상상할 수 있습니다.

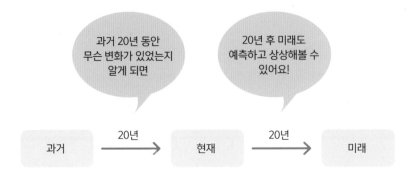

또, 상상할 미래의 시간적 범위도 중요해요. 20년 후의 미래와 50년 후의 미래 모습은 다르겠죠. 20년 후가 궁금하다면 20년 전의 모습을, 50년 후가 궁금하다면 50년 전 과거에서 무엇이 변화했는지를 살펴보며 미래를 상상해볼 수 있어요.

만세 미래를 예측하려면 차박처럼 아는 게 많아야겠네.

미래쌤 과거에 관한 지식과 미래에 대한 상상력, 두 가지 모두 중요해요.

별이 쌤, 저 상상력은 자신 있어요. 역사 점수는 만세랑 동점이지만……

미래쌤 자신감 있는 태도 아주 좋아요. 이제 아까 배운 세 가지 비밀 열쇠를 쓸 때가 된 거 같군요. 먼저 첫 번째 열쇠를 써볼까요? 20년 전에도 있었고 현재까지 계속 있는 것, 뭐가 있을까요?

별이 아하, 그렇게 하는 거군.

미래쌤 유준이 손을 들었네요.

유준   스마트폰이요?

미래쌤 맞아요. 주변에서 스마트폰을 안 쓰는 사람은 거의 없죠? 그
      만큼 우리 일상에서 중요한 물건이 되었어요. 최초의 스마트
      폰은 1990년대 초반에 나왔어요. 하지만 지금보다 크기도 크
      고 값도 비싸서 많은 사람이 사용하지는 못했죠. 지금처럼 손
      안에 쏙 들어오는 스마트폰은 2000년대 후반부터 쓰기 시작
      했고요. 10년 전만 해도 휴대폰, 핸드폰이라는 말을 더 많이
      사용했어요. 혹시 벽돌폰이라고 들어봤나요?

만세   엄청 큰 휴대전화요?

유준   안테나도 엄청 길고.

미래쌤 그래요. 옛날 휴대전화는 너무 크고 무거워서 벽돌을 들고 다
      니는 것 같았어요. 그래서 별명이 벽돌폰이었죠. 지금은 작고
      얇고 가벼워졌죠. 과학기술 발달 덕분에 나타난 변화라고 할
      수 있어요.

별이   저요!

미래쌤 별이가 대답해보세요.

별이   땅, 불, 바람, 물, 우주, 사람…….

미래쌤 맞아요. 별이가 말한 것들은 20년이 아니라 100년 전, 1000년
      전에도 있던 것들이죠. 좋은 답이에요.

유준   쌤, 땅은 조금 애매해요. 북극의 땅이 점점 줄어들고 있다고
      들었거든요.

미래쌤 지구온난화로 말미암아 얼음이 녹고 있죠. 그렇게 보면 북극도 계속 있는 것이 아니라 사라져가는 것이라고 할 수 있겠네요.

별이 그럼 땅은 빼고 지구로 할래요.

유준 지구는 인정.

미래쌤 만세는 생각나는 것 없나요?

만세 ······ 잘 모르겠어요. 20년 전에 저는 태어나지도 않았는걸요?

미래쌤 만세가 잘 이야기해줬네요.

만세 네?

미래쌤 20년이라는 시간은 짧다면 짧고 길다면 길지만, 여러분 같은 사람이 성장할 수도 있는 시간이에요. 그만큼 무한한 가능성을 품고 있는 거죠.

별이 쌤, 가능성이란 말을 들으니까 막 두근두근해요.

미래쌤 쌤도 여러분의 미래를 생각하면 기대되고 두근두근한답니다. 첫 번째 질문은 다들 잘 이해한 것 같으니, 이제 두 번째 질문을 해볼까요? 20년 전에는 있었지만 현재는 사라진 것은?

별이 와, 어려워요, 이건.

만세 (머리를 긁적긁적한다.)

유준 음······ 국민······학교?

만세 국민학교가 뭐냐?

미래쌤 교육 분야의 변화네요. 여러분은 초등학교를 졸업했지만 전에는 국민학교라는 말을 사용했었어요. 국민학교는 '황국신

민皇國臣民을 양성한다.'라는 일제강점기의 초등교육정책을 반영한 것이었어요. 그 후로도 오랫동안 사용하던 국민학교라는 명칭은 1996년에 와서야 초등교육初等敎育을 의미하는 초등학교로 바뀌었죠.

별이 처음 들어봐요. 유준아, 넌 어떻게 알았어?

유준 막내 이모가 자기는 국민학교 나왔다고, 나랑 세대 차이 난대.

미래쌤 유준이가 이모의 이야기를 잘 기억했네요. 또 뭐가 있을까요?

별이 삐삐요!

만세 1원이요!

미래쌤 별이와 만세가 동시에 대답하는군요. 예전에는 음성메시지로 의사소통하는 삐삐를 사용했었죠.

별이 드라마에서 봤어요! 공중전화에서 메시지를 듣고 그러는 장면. 그걸로 어떻게 약속을 잡고 만났을지 신기해요.

미래쌤 메시지 오면 '삐삐' 하던 소리가 쌤도 기억나네요.

만세 쌤, 옛날 사람.

미래쌤 하하. 삐삐는 왜 사라졌을까요?

유준 삐삐를 대체할 편리한 통신수단이 나와서가 아닐까요?

미래쌤 맞아요. 무언가 사라질 때는 반드시 이유가 있어요. 삐삐가 사라진 대신 휴대전화, 스마트폰처럼 더 편리한 통신수단이 나왔죠. 컴퓨터도 마찬가지예요. 초기 컴퓨터는 벽 하나를 차지할 만큼 컸지만, 지금은 가볍고 들고 다니기 쉬운 노트북을 많이 사용하잖아요. 그로 말미암아 한자리에 붙박일 필요 없이 언제 어디서든 컴퓨터를 활용할 수 있게 되었죠.

유준 　스마트폰이 컴퓨터 역할도 하는 것 같아요.

미래쌤 　카메라, 전화기, 컴퓨터의 기능이 요즘은 스마트폰 하나로 해결되죠. 그럼 1원짜리 동전은 왜 사라졌을까요?

만세 　작아서?

유준 　물가가 올라서 1원짜리 동전을 사용할 기회가 없어졌을 것 같은데요.

별이 　하긴 100원짜리도 요즘은 잘 안 쓰는 듯.

미래쌤 　그래요. 1원과 5원짜리 동전은 2006년부터 만들지 않고 있어요. 사용하는 사람이 많지 않아서 유통량이 줄어든 거죠.

별이 　엄마도 요새는 현금은 안 쓰고 다 카드로 계산하세요.

미래쌤 　시대가 변하면 돈의 유형도 달라져요.

유준 　요샌 스마트폰으로도 결제가 되던데요?

미래쌤 　이제는 전자 결제도 많이 사용하죠. 현금, 신용카드도 필요 없고 스마트폰 하나로 다 해결되는 시대예요. 스마트폰으로 투표하기도 하고요.

유준 　투표소에 안 가고요?

미래쌤 　대통령 선거처럼 중요한 선거에는 아직 사용하지 않지만, 주민 주표나 지역 투표에는 스마트폰을 활용하는 곳이 있답니다.

별이 　저도 빨리 투표하고 싶어요. 이왕이면 스마트폰으로 편하게!

미래쌤 스마트폰 기능이 넓어진 건 인터넷 접속 때문이죠. 정보 통신의 발달이 우리 삶을 다양하게 변화시키고 있어요. 이제는 지구 반대편에 있는 사람과도 바로 대화를 나눌 수 있고, 전 세계의 뉴스를 실시간으로 볼 수 있게 되었어요. 음악과 드라마 같은 한국 문화가 다른 나라에 소개된 것도 인터넷의 발달 덕분이라고 할 수 있죠. 인터넷을 기반으로 한 무수한 변화를 20년 전에는 상상하기 힘들었을 거예요.

만세 인터넷 없는 세상이 더 상상이 안 가는데.

미래쌤 여러분 세대는 그렇겠네요. 다시 돈 이야기를 조금 더 해보면, 미래에는 어떤 결제 수단을 쓸까요?

별이 보이지도 않고, 만질 수도 없고, 생각으로 막 계산할 수 있는 돈?

만세 그게 뭐야.

별이 그러니까…… 설명하긴 힘든데 에어페이?

만세 킥킥.

미래쌤 별이의 에어페이. 어떻게 사용하는 건지 궁금한데요? 미래에 있을 법한 것들에 이름을 붙이기는 미래를 예측해볼 때 중요한 연습이 돼요. 무작정 상상하기보다는 이름을 붙여 구체화할 수 있죠.

별이 봐봐. 미래쌤이 이름 붙이는 거 중요하다잖아.

만세 오호, 그럼 나도 구름페이! 바람페이! 연기페이!

유준   틴에이저페이.

미래쌤   네, 네, 좋습니다. 다 재미있어요. 여러분이 좋은 답을 많이 해
        주었는데, 생각이 잘 나지 않을 때는 분야를 다섯 가지로 나
        누어 생각해볼 수도 있어요. 사회Social, 기술Technological, 경제
        Economic, 환경Environmental, 정치Political 분야로 말이에요. 전문
        가들은 머리글자를 따서 'STEEP'라고 부르죠.

유준   소셜, 테크놀로지컬, 이코노믹, 인바이런멘틀, 폴리티컬.

별이   역시 차박. 영어로 다 쓰다니.

미래쌤   앞에서 나온 국민학교는 사회, 삐삐나 스마트폰은 기술, 1원은
        경제, 북극은 환경, 전자 투표는 정치. 여러분이 벌써 STEEP
        에 맞게 대답해주었어요.

만세   카, 전문가가 된 것인가!

별이   앞서가기는.

미래쌤　이제 마지막 질문을 해볼게요.

별이　두구두구두구…….

미래쌤　20년 전에는 없었지만 현재 새로 생긴 것은?

별이　저요!

미래쌤　뭐가 있지요?

별이　저요!

미래쌤　네, 대답하세요.

별이　저요, 쌤. 제가 태어났잖아요.

미래쌤　아, 그래요. 쌤이 잘 못 알아들었네요. 20년 사이에 별이가 태어났네요.

만세　저요!

미래쌤　그래요, 만세도 태어났고요.

만세　저요!

미래쌤　그래요, 만세.

만세　저 다른 답이요!

미래쌤　이런, 쌤이 이번에도 눈치가 없었네요. 만세, 대답해봐요.

만세　오버○치요!

별이　헐.

미래쌤　오버○치라면…….

유준　게임입니다.

미래쌤　유준이 눈이 반짝거리네요.

만세 이걸 하면 미래가 딱! 보여요, 쌤. 배경이 60년 후 미래거든요.

별이 근데 우리도 할 수 있……. (만세가 별이 입을 막는다.)

만세 쉿.

별이 너 손 씻었어? 퉤퉤.

미래쌤 게임 중에서는 미래를 배경으로 한 것이 많죠. 상상력을 자극하는 스토리도 많고요. 그래픽도 과거랑은 비교할 수 없이 화려해졌고, 요즘은 현실과 접목한 증강현실 게임도 개발되고 있죠.

별이 현수막에 게임을 하는 사람들 안전 보행하라고 쓰여 있던데.

만세 아, 나도 봤어. 경찰서에서 붙여놨더라.

미래쌤 가만히 앉아서 하는 게임에서 직접 몸을 움직이며 하는 게임으로의 변화. 과학기술과 놀이 문화의 변화가 동시에 일어나고 있다고 할 수 있겠죠. 자, 또 대답해볼까요? 20년 전에는 없었지만 현재 새로 생긴 것은?

유준 KTX요. 얼마 전에 KTX 타고 여수도 다녀왔어요.

미래쌤 그렇죠. 2004년에 개통한 KTX 덕분에 이제는 서울과 부산을 두 시간 만에도 갈 수 있어요.

유준 그 전에는 얼마나 걸렸는데요?

미래쌤 새마을호를 타면 다섯 시간 정도 걸렸지요.

별이 와, 반도 안 되게 줄었네요?

만세 기술이 발달하면 시간을 늘렸다가 줄였다가 할 수도 있겠다.

별이 　마법 같네.

미래쌤 　비행기를 생각해보면 더욱 그렇죠. 하루도 안 걸려서 지구 반대쪽까지 갈 수 있으니까요. 교통수단이 어떻게 변했는지 보는 것도 재미있어요. 말과 마차의 시대에서 자동차의 시대가 되었고 비행기, 고속열차, 무인 자동차까지 생겨났죠.

만세 　하늘을 나는 자동차요!

미래쌤 　그래요. 하늘을 나는 자동차도 언젠가 상용화될 수 있겠죠. 사실 기술로는 할 수 있어요. 그런데 아직 교통 체계가 마련이 안 된 거죠. 이처럼 모든 분야가 서로서로 영향을 주고받으며 함께 변해갑니다. KTX가 생기면서 사라진 것도 있어요. 바로 통일호 열차인데요, 2004년에 사라졌어요. 무언가 사라지면 또 생겨나고, 생겨나면 또 사라지고……. 이렇게 조금씩 변화해가는 거죠.

별이 　흑흑.

미래쌤 　별이는 우는 건가요?

별이 　병원에 계신 할머니가 생각나서요. 제가 어른이 되면 할머니가 사라질 것 같아요.

미래쌤 　별이 마음이 예쁘네요. 오늘부터라도 할머니와 행복한 시간 많이 보내도록 해요.

별이 　흑흑.

만세 　(휴지를 내밀며) 오다 주웠다.

별이   (휴지에 코를 풀며) 킁!

만세   앗, 더러워.

미래쌤   여러분은 오늘도 사이가 좋네요.

별이, 만세   아니거든요! 안 좋거든요!

미래쌤   하하. 자, 세 가지 질문 다시 복습해볼까요?

별이, 만세   계속…….

유준   있는 것.

별아, 만세   사…….

유준   사라진 것.

모두   새로 생긴 것!

미래쌤   좋아요. 이제 다 왔네요. 오늘 우리의 최종 목적지가 어디였
        죠?

유준   (안경을 올리며) 20년 후입니다.

미래쌤   그렇죠. 이제 똑같은 방식으로 현재에서 미래 사이를 여행해
        볼 거예요.

별이   아하, 그렇게 하는 거군. 현재에도 있고 미래에도 있을 것!

만세   아는 척은…….

별이   현재는 있지만 미래에는 사라질 것!

유준   현재는 없지만 미래에는 새로 생겨날 것.

미래쌤   지금부터 세 가지 질문에 따라 게임을 해볼게요. 펜과 종이 준
        비됐죠?

모두	네!
22번	(부스스) 네.
별이	앗, 깜짝이야!
만세	언제 왔냐?
유준	아까 못 봤는데.
미래쌤	드디어 인사하게 되네요! 친구는 이름이 뭐지요?
22번	······ 22요.
별이	이십이?
만세	이름 되게 특이하네.
미래쌤	반갑습니다. 지금부터 게임을 하려고 하는데, 네 사람이 모여 앉아 볼까요? 좋아요. 이제 떠오르는 것을 자유롭게 써봅시다. 20년 후는 아무도 안 가봤으니까 정답이 없어요. 잘 맞히려고 하기보다는 마음껏 상상력을 펼쳐보세요.
유준	넵.
별이	계속 있을 거에 나부터 써야지.
만세	과연 그럴까?
별이	(만세의 손등에 동그라미를 그리며) 너도 끼워주마.
만세	차박은 벌써 쓴 거?
유준	응. 새로 생길 것에 인공지능 의사. 미래 내 경쟁자.
별이	올!
만세	이건 뭐지?

(종이에 '새로 생길 것: 타임머신'이라고 적혀 있다.)

유준   이십이가 쓴 것 같은데.

별이   헉, 또 없어졌어.

만세   화장실 갔겠지. 나는 새로 생길 것에 날개 달린 신발 써야지.

　　　 한 방에 집까지 날아가게.

별이   나는 동물 번역기. 우리 티티가 무슨 생각하는지 너무 궁금해.

미래쌤 자, 그럼 책을 읽는 여러분도 같이 게임을 해볼까요?

함께하는 미래 수업 ▸▸

친구들과 함께 배운 STEEP을 기억하나요? 사회, 기술, 환경, 경제, 정치 분야에서 계속 있을 것, 사라질 것, 새로 생길 것과 그 이유를 한 개 이상! 써보세요.

	계속 있을 것 0 → 0	사라질 것 0 → X	새로 생길 것 X → 0
사회			
기술			
환경			
경제			
정치			

너무 잘했어요!

이제 여러분은 20년 후, 아니 50년이나 100년 후도 상상해볼 수 있어요. 이렇게 간단해도 되냐고요? 그럼요. 여러분이 미래와 친해진 증거라고 할 수 있겠죠. 요점을 정리해볼까요?

1. 미래를 상상하려면 먼저 과거로 가 본다.
2. 과거에서 현재까지 계속 있는 것, 사라진 것, 새로 생긴 것을 차례대로 질문하고 답을 찾아본다.
3. 현재에서 미래까지 계속 있을 것, 사라질 것, 새로 생길 것을 차례대로 질문하고 마구 상상한다.
4. 잘 떠오르지 않을 때는 STEEP를 활용한다.
5. 친구들과 생각을 나눈다.

사람들은 언제부터 미래를 궁금해했을까?

인간과 침팬지의 DNA 차이는 겨우 1퍼센트에 불과하다고 합니다. 그런데 불과 1만 년 전까지 침팬지와 비슷한 삶을 살던 인간은 어떻게 집을 짓고 나라를 세우고 우주로 인간을 보낼 수 있었을까요?

전문가들은 그 차이가 인간은 당장 눈에 보이지 않는 미래의 일을 고민하고, 미래의 꿈을 이루고자 계획을 세우고, 수많은 사람이 서로 협력하여 그것을 실제로 이루어내는 능력이 있기 때문이라고 합니다.

그렇다면 사람들은 언제부터 미래를 고민하게 된 걸까요? 아마도 인류가 들판이나 숲속에서 나무 열매를 따 먹고 사냥하며 하루하루를 살아가던 시절에는 앞날을 생각할 필요가 없었을 것입니다. 사람들이 농사를 짓는 법을 알게 되고 밭을 중심으로 마을을 이루어 살게 되면서부터 미래를 걱정하기 시작했으리라고 생각하는 전문가가 많습니다.

농업시대에는 수렵·채집 시대보다 식량 생산량이 크게 늘어서 인구가 비약적으로 증가했지만, 한번 가물거나 해서 흉년이 들면 많은 사람이 굶어 죽고 아예 마을 자체가 사라지기도 했습니다. 그래서 사람들은 흉년을 대비해서 창고에 식량을 비축해 두기 시작했지만, 근본적으로 내년 농사가 어떻게 될지 앞날을 걱정하지 않을 수 없었습니다.

이러한 미래에 대한 걱정과 관심은 처음에는 무속이나 예언의 형태로 나타났습니다. 무당에게 내년 농사의 길흉을 점치게 한다든가, 전쟁의 승패를 물어본다든가, 풍년을 기원하는 제사를 지낸다든가 하는 식입니다.

근대과학이 발전하면서 원자의 움직임을 계산하거나 복잡한 수학식을 이용하여 미래를 정확히 맞히려는 시도가 있었습니다. 하지만 이러한 방법으로 미래를 예측하는 일은 현재까지도 불가능합니다.

1950년대 말, 서구를 중심으로 세상이 점점 풍요로워지면서 사람들은 이렇게 계속 세상이 변화하면 앞으로는 어떤 세상에서 살아가게 될 것인지를 고민했습니다. 그러다가 이 문제에 깊은 관심을 둔 사람들이 모여서 모임을 만들어 다양한 미래의 생각과 가치를 논의하기 시작했습니다. 이것이 현대적인 미래학의 시작입니다.

지금의 미래학은 여러 학문의 집합, 그중에서도 과학과 예술의 중간 영역에 있는 것으로 여겨집니다. 이렇게 여겨지는 이유 중 하나는 미래학에서 논리적인 방법을 사용하여 미래를 예측하기는 하지만, 똑같은 방법을 사용하더라도 그때그때 그 예측의 결과가 달라질 수 있기 때문입니다.

우리나라에서도 몇몇 학자들이 서구와 비슷한 시기에 미래학에 관심을 가지기 시작했습니다. 한국미래학회를 설립하여 1970년에 전문가 1000여 명이 '2000년의 한국'을 예측하는 등 다양한 활동을 벌였지만, 당시 한국의 상황에서 미래학은 경제 발전을 위한 '발전학'의 개념으로만 받아들여져 큰 활동이 이어지지는 못했습니다. 그러다가 우리나라 경제가 선진국을 따라잡을 정도로 발전하면서, 1960년대 서구에서처럼 우리 사회에서도 미래에 관한 관심이 커졌습니다. 2013년 카이스트에 우리나라 최초로 미래학을 가르치는 학위 과정인 미래전략대학원이 생기고, 2016년에는 사단법인 미래학회가 설립되는 등 현재 우리나라의 미래학은 새로운 도약기에 있습니다.

엉뚱하고도
용감한 생각

그럴듯한 이야기를 하는 사람은
진정한 미래학자가 아니다.

— 아서 클라크

만세   차박, 왔어?

유준   혼자 있네?

만세   응. 김별이는 아직 안 왔어. 그 22번인가 걔도 아직.

유준   근데 그 22번, 몇 반이래?

만세   몰라. 옷도 좀 이상하게 입고. 외국에서 왔나?

       (드르륵 문이 열리고 별이가 서둘러 들어온다.)

별이   헉헉. 쌤 오셨어?

만세   아직. 너 얼굴이 왜 그러냐?

별이   아니, 그게 아니고.

유준   들고 있는 게 뭐야?

별이   아니, 그러니까.

만세   뭐가 꿈틀거리는데?

      (미래쌤이 들어온다.)

미래쌤 여러분, 안녕하세요.

유준   안녕하세요.

미래쌤 한 주간 잘 지냈나요?

별이   (만세에게 작은 목소리로) 조용히 해.

만세   (아랑곳하지 않고) 그게 뭐냐니까.

미래쌤 별이랑 만세 무슨 일 있나요?

      ("냐……."하는 소리가 들린다.)

유준   무슨 소리 들린 것 같은데?

별이   차박, 별거 아냐. 잘못 들은 거야. 쌤, 죄송해요. 수업 시작해요.

      ("야옹."하는 소리가 들린다.)

만세   뭐야, 이거!

유준   고양이?

별이   쌤, 죄송해요. 먹을 걸 주니까 자꾸 따라와서……. 딱 오늘 하
      루만 같이 수업 들으면 안 될까요?

만세   안 돼! 나 고양이 싫어! 에, 에, 에취!

유준   너 고양이 알레르기 아냐?

별이   만세야, 미안. 어떡하지.

만세   에취!

유준 코 빨개졌다.

별이 안 되겠다. 밖에 두고 올게……

만세 괜, 에취! 찮, 에취! 아, 취!

유준 하나도 안 괜찮아 보이는데.

고양이 야옹.

22번 강만세, 이거 먹어봐.

유준 22번, 언제 왔냐?

만세 이게 뭔데? 에, 에, 에취!

22번 (만세 입에 동그란 것을 쏙 집어넣으며) 음……, 사탕……이라고 해
      두지.

만세 캑. 꿀꺽. 음.

22번 맛 괜찮지?

만세 엄청 오묘한데?

별이 무슨 맛인데?

만세 글쎄, 짭짤하고 따뜻하면서 달콤하고…… 솜사탕처럼 혀에서
      다 녹아버리네. 첨 먹어보는 맛.

유준 코가 다시 하얘졌다?

고양이 야옹.

미래쌤 만세, 괜찮아요?

만세 네, 쌤. 괜찮은 것 같아요. 오, 정말 괜찮아요. 오히려 힘이 막
      나는 것 같은데요!

고양이 (기쁜 듯이) 야옹야옹.

만세 하나 더 없어?

22번 (도리도리)

별이 쌤, 오늘만 고양이랑 같이 수업 들으면 안 될까요? 내일은 주 인 찾아줄게요.

22번 투투.

별이 투투?

22번 고양이 이름.

미래쌤 벌써 이름까지 지었군요. 좋아요. 고양이 투투. 다른 친구들 은 어떤가요. 오늘은 투투와 함께 수업을 들어도 될까요?

유준 전 상관없어요.

만세 괜찮아요.

별이 고마워, 다들. 쌤, 감사해요.

투투 야옹.

미래쌤 시작이 좀 산만하긴 했지만, 오늘 주제와 잘 맞을지도 모르겠 네요. 지난 시간에는 계속 있는 것, 사라진 것, 새로 생긴 것을 생각해봤죠? 사회, 기술, 경제, 환경, 정치 분야에 따라 다양 하게 예측해보았고요.

유준 (안경을 올리며) STEEP요.

만세 차박, 안경은 꼭 올려야 하는 거냐.

유준 세트야.

미래쌤 유준이가 잘 기억하고 있네요. 생각이 잘 안 떠오를 땐 STEEP에 해당하는 각 분야의 변화를 상상해보라고 했어요. 오늘은 지난 시간에 여러분이 낸 아이디어를 보면서 토론해보려고 해요.

별이 저희가 쓴 거요? 그걸로 토론할 수 있어요?

만세 그냥 막 쓴 건데요?

미래쌤 막 쓴 것도 빛나는 미래 아이디어가 될 수 있죠.

유준 토론은 각각 자기 의견을 주장하는 것 아닌가요?

미래쌤 오늘 할 것은 찬반 토론이 아니에요. 승자가 있는 토론도 아니고요. '만약에 ……한다면'이라는 주제로 다양한 의견을 내고 같이 이야기해볼 거예요. 지난 시간 아이디어가 반짝이는 구슬이었다면, 오늘은 그것들을 같이 꿰어보는 거죠. 첫 시간에도 말했지만 미래의 다양한 가능성을 살펴보려면 나와 다른 의견이 있는 친구들의 이야기를 듣는 것이 중요합니다. 미래는 혼자서 만들어갈 수 없지요. 흩어져 있던 아이디어들이 하나의 이야기를 만들기도 하고요.

별이 어떤 아이디어를 꿰어야 해요?

미래쌤 오늘 수업의 목표는 상상력을 넓히는 건데요, 이때 미래에 관한 아이디어는 낯설고 엉뚱할수록 좋습니다.

별이 엉뚱한 생각?

미래쌤 어디선가 들어봤거나 익숙한 이야기는 이미 미래에 관한 이야기가 아니라고 할 수 있어요. 현재와 비슷할수록 편안하게 받아들여지니까요. 대담한 미래를 상상하려면 가장 엉뚱하고, 가장 낯선 이야기가 좋아요.

유준 근데 너무 엉뚱한 이야기를 하면 이상한 사람처럼 보이잖아요.

미래쌤 이상하게 보이는 게 걱정되나요?

유준 아무래도 사람들이 잘 믿어주지 않을 것 같고…….

미래쌤 그래요. 앞서가는 사람들은 이상하게 보일 때가 많죠. 그래서 미래를 잘 준비하려면 때로는 용감해져야 해요.

별이 우리 가족 중 제일 용감한 건 네 살짜리 사촌 동생인데, 아기라 겁이 없어요.

미래쌤 겁 없는 순수한 호기심도 중요하지요. 남들이 지나치는 것을 볼 수 있는 관찰력도 필요하고요.

만세 갖출 게 너무 많은데요?

유준 공부보다 어려워요. 어휴.

미래쌤 어려워할 것 없어요. 구슬은 다 마련되어 있고, 오늘은 꿰기만 하면 되니까. 먼저 지난 시간에 여러분이 썼던 아이디어를 볼 건데요, 세 가지 질문 중 마지막 질문, 20년 후 새로 생길 것을 썼던 답변을 중심으로 보도록 하죠.

별이 이게 다 우리 머릿속에서 나왔다니.

투투 야옹.

별이 그렇지, 대단하지?

외계인 무역 회사, 과거 여행 안내원, 전 세계 혼혈, 새로운 언어, 말하는 동물, 물체 크기 조절 장치, 아이(eye) 카메라, 꿈 조절기, 꿈 연결기, 늘어나는 몸, 스마트폰 박물관, 비행 교통경찰, 로봇 거부 운동, 암기 빵, 로봇 보험, 투명 망토, 우주로 떠나는 수학여행, 화성 시민, 모든 것을 충전할 수 있는 충전소, 날씨 바꿔주는 기술, 로봇 상담가, 자가 치유 기술, 갖고 싶은 물건을 볼 수 있는 기술, 모든 것을 담을 수 있는 가방, 설계된 아기, 스스로 글씨를 쓰는 펜, 물 위를 걷는 기술, 역사 속 인물 직접 만나기, 어디로든 문, 1일 성형, 피 안 나는 총, 텔레포트 기술, 자동 화장실, 인공지능 의사, 타임머신, 날아다니는 스케이트보드, 맑은 공기 판매, 제2의 지구, 안 빨아도 되는 옷, 공룡, 중독 수치 확인 기계, 쓰레기를 이용한 에너지, 인공 계절, 인공 나무, 생명 화폐, 청소년 투표권, 인공지능 대통령, 청소년 지도자…….

미래쌤 별이 말대로 다양한 아이디어가 나왔는데요, 좋은 아이디어를 고르는 기준, 아까 뭐라고 했었죠?

만세 엉뚱함.

미래쌤 그래요. 지금부터 자기가 생각하는 가장 엉뚱하고 재미있는 아이디어를 하나씩 골라보죠.

별이 고민된다.

투투 야옹.

만세 음……, 저는 '인공지능 대통령'이요.

미래쌤 이유도 말해볼까요?

만세　일단 인공지능이 대통령이 된다는 거 자체가 재미있고요, 상상이 잘 안 되기도 하고, 약간 무섭기도 하고……. 암튼 끌려요. 영화 같아서요.

유준　근데 좀 걱정되기도 해요. 인공지능이 대통령이 되면 인간이 기계의 지배를 받는 거잖아요. 인권이 무너지고 혼란스러울 것 같아요.

별이　인간이 하는 실수는 줄일 수 있지 않을까? 인공지능은 객관적이잖아.

유준　그럴 수도 있지만, 인공지능을 만든 것도 사람이잖아. 객관적이지 않은 정보를 넣거나 해킹을 해서 나쁜 인간이 자기 뜻대로 움직이게 하면 어떡해?

별이　해킹 문제는 생각 못 했네.

만세　보통 영화에서는 인간이 승리하더라.

미래쌤　좋습니다. 이어서 다른 아이디어도 골라보죠.

별이　저는 '꿈 연결기'를 고를래요.

미래쌤　이유는요?

별이　재미있는 꿈 꿀 때 친구들이랑 같이 꾸면 더 즐거울 것 같아요.

만세　악몽이면?

별이　그땐 너 초대할게.

만세　절대 안 감.

유준　저는 '늘어나는 몸'이요. 재미있어서 고르긴 했는데 쓸데가 없을 것 같기도 해요.

만세 고무고무 능력을 몰라보다니. 충격을 줄일 수 있잖아.

별이 침대에 누워서 팔 쭉 늘린 다음에 불 끄면 편하겠다.

유준 요즘은 말로도 불을 끄는데 굳이 몸을 늘려야 할지.

만세 차박, 너무 진지하게 접근하지 마. 미간에 주름 생긴다. 가끔
보면 할배 같다니까.

유준 에헴.

미래쌤 꿈 연결기나 늘어나는 몸이 실제로 미래에 있다면 어떤 일이
일어날까요?

유준 꿈 연결기가 있다면……, 현실 세계만큼 꿈도 중요해지지 않
을까요? 꿈에서 뭘 했는지 친구랑 이야기 나누고, 친구 꿈으
로 놀러가기도 하고요. 꿈 조절기까지 있으면 상상하는 모든
것을 꿈속에서 해볼 수 있잖아요. 현실에서 해야 할 일을 미리
시뮬레이션 해볼 수도 있고, 꽤 쓸 만할 것 같은데요?

만세 꼭 사업가처럼 말하네.

유준 에헴.

별이 꼭 사람이 아니라 동물이나 식물하고도 연결해보고 싶어요.
저희 강아지 티티는 자다가 벌떡 일어날 때가 있는데, 그때 진
짜 귀여워요. 무슨 꿈을 꿨는지 너무 궁금하고요.

투투 야옹.

별이 그래, 투투. 네 생각도 궁금하지.

만세　듣다 보니까 온라인 게임이랑 비슷한 것 같아요. 가상으로 연결되는 모습 같은 게.

미래쌤　꿈과 가상 세계를 연결한다는 게 흥미롭네요. 상상은 언제나 현실보다 빠르게 미래 모습을 보여주죠. 1948년, 윌리엄 깁슨William Ford Gibson의 소설 『뉴로맨서』에서 처음으로 가상 세계를 상상력으로 보여주었어요. 당시에는 인터넷이나 사이버 공간이 없었는데, 작가는 상상력을 통해 가상 세계, 사이보그 등의 모습을 구현했습니다. 이러한 상상력이 후에 과학자들에게 영감을 주었고요. 여러분이 말하는 꿈 연결기, 꿈 조절기도 미래에는 상용화되어 새로운 세계를 열어줄 수도 있겠죠. 현실 세계에 가상 세계뿐 아니라 꿈 세계까지 추가해서요.

별이　24시간을 셋으로 나눠서 현실·가상·꿈 이렇게 돌아다니며 살 수도 있을 것 같아요.

유준　꿈은 컴퓨터 같은 매개체가 필요 없으니까 더 간편할지도 모르겠다.

만세　꿈 중독자도 나오는 거 아냐?

미래쌤　여러분의 상상력이 톡톡 튀네요. '늘어나는 몸'은 어떨까요? 만약에 여러분이 미래에 그런 몸이 될 수 있다면?

유준　몸이 자유자재로 늘어난다면……, 집이나 대중교통, 가구 등 등 인간 몸에 맞춰진 모든 것의 모양이 바뀔 것 같아요.

별이　악기도요. 손가락이 쭉쭉 늘어나면 기타도 여섯 줄이 아니라 예순 줄, 뭐 이런 게 가능하시 않을까요? 드럼 세트도 엄청 커지고요.

만세 천장도 높아질 수 있겠지.

별이 『이상한 나라의 앨리스』의 여왕처럼 목이 쭉!

미래쌤 여러분 말처럼 인간의 몸이 바뀌면 인간을 둘러싼 모든 환경이 바뀌겠죠. 어린아이들의 물건을 보면 작게 디자인되어 있듯이, 인간의 몸이 쭉쭉 늘어난다면 긴 몸에도 편안한 형태로 물건의 형태가 바뀔 거예요.

유준 미래의 의사로서 상상해보면, 늘어나는 몸에 대한 전문 분야도 생길 것 같아요. 고무 인간 전문 분야.

만세 고무고무 차박 병원.

별이 늘어나는 몸 잘 말아드려요. 굳은 몸 쭉쭉 늘려드려요.

유준 킥킥.

미래쌤 인공지능 대통령, 꿈 연결기, 늘어나는 몸, 세 가지 아이디어로도 다양한 상황을 상상할 수 있죠? 이번에는 엉뚱하고도 절대로 일어나지 않을 것 같은 아이디어를 골라볼까요? 이건 정말 불가능하다 싶은 아이디어.

만세 투명 망토요!

미래쌤 이유는요?

만세 『해리 포터』에 나온 거잖아요. 쌤, 아무리 그래도 마법은 불가능해요.

별이   난 그래도 어딘가에 마법 학교가 있다고 생각할래.

유준   날아다니는 스케이트보드도 영화에서 본 것 같아요. 〈백 투 더 퓨처〉?

만세   그거 우리 태어나기 전 영화 아냐? 할배 차박.

별이   저는…… 설계된 아기? 사람은 로봇이 아니잖아요. 어쩐지 으스스해요.

미래쌤 하하. 그런데 여러분 놀라지 마세요. 투명 망토, 날아다니는 스케이트보드, 설계된 아기는 모두 이미 현실이 된 상상이랍니다.

만세   설마.

유준   정말요?

별이   충격.

미래쌤 투명 망토나 날아다니는 스케이트보드는 모두 활발히 연구 중인데 완벽하지는 않지만 나름대로 좋은 성과를 내고 있죠. 설계된 아기는 세포의 유전자를 조작하는 기술인데, 유전적 질병을 없앨 수도 있고, 성별도 선택할 수 있죠. 동물 실험에서는 이미 성공했어요. 셋 다 아직 상용화되지는 않았지만 허황된 발상은 아니에요.

유준   세상 진짜 빠르게 돌아가네요.

만세   우리가 학교에 있을 동안.

별이   엉뚱한 것인 줄 알았는데 보통이라니.

미래쌤 그래서 미래를 준비하려면 세상의 변화를 잘 살펴보는 것이 중요해요. 다른 사람들이 지나치기 쉬운 엉뚱한 상상에도 주목할 수 있어야 하고요. 변화를 예측하려면 주도적인 생각, 익숙한 사고에서 벗어나야만 하죠. 그러면 아까 유준이가 이야기했듯이 때로는 이상한 사람처럼 보일 때도 있어요. 그래서 용기가 필요한 거죠. 엉뚱한 것을 재미있어할 줄 아는 용기.

유준 엉뚱한 생각이 세상을 바꾼 예도 있을까요?

미래쌤 대표적인 예로 달 착륙을 들 수 있겠네요. 달 착륙 이전까지 우주는 인간에게 미지의 공간이었어요. 그런데 달에 가겠다는 목표를 정하고 실제로 우주인이 달에 착륙했을 때 우주는 더는 인간이 갈 수 없는 미지의 공간이 아니게 되었죠. 여러분이 낸 아이디어 중에 '화성 시민'이나 '우주 수학여행', '외계인 무역 회사' 같은 것은 우주에 대한 상상력이 바탕이 된 것들인데요, 당장 화성만 봐도 이미 화성 탐사선이 가 있고, 인간을 화성에 보내고자 구체적인 계획을 세우고 있죠. 우주여행은 지금도 할 수 있고요. 보편화하려면 시간이 조금 걸릴 수도 있겠지만 라이트 형제가 발명한 비행기가 나온 지도 이제 100년이 조금 넘었으니까, 앞으로 여러분의 상상도 충분히 현실로 구현될 수 있답니다.

만세 어디로든 문 탐난다. 나오면 산다.

별이 인공 계절도. 월요일엔 눈싸움하고, 화요일엔 바다 가서 수영

하고, 수요일엔 단풍 보고, 목요일엔 봄 소풍.

유준 뭐니 뭐니 해도 타임머신은 불가능할 것 같아.

22번 <u>흐흐.</u>

미래쌤 시간 여행을 할 수 있는 타임머신은 많은 사람이 기대하는 발명품이죠. 영화와 소설에서도 끊임없이 쓰이는 소재고요. 과거나 미래로 시간 여행을 자유자재로 할 수 있다면 인간의 삶은 상상할 수 없을 만큼 바뀌겠죠. 꾸준히 연구가 진행되고 있으니까 기대해봐도 좋지 않을까요?

만세 미래에는 학교도 더 재미있어지지 않을까?

별이 학교는 노는 곳. 이렇게?

22번 너무 기대하지 말라고. 수업이랄지 숙제랄지, 별로 안 바뀔 수도.

만세 맞아. 미래에도 숙제는 있어야 해. 나만 당할 순 없지.

별이 어휴.

유준 꼭 모여서 공부할 필요는 없지 않을까. 선생님도 꼭 있어야 될…… . 앗, 아니에요, 쌤.

미래쌤 괜찮아요. 미래에 사라질 것을 물으면 항상 나오는 게 교사와 시험인걸요. 미래에는 교사의 역할도 변화하겠죠. 지식을 전달하는 일방적 관계가 아닌 상호 작용하여 서로 배우는 관계로 변화하리라고 생각해요. 우리 수업에서도 저의 역할은 가르치는 선생이기보다는 미래를 안내해주는 길잡이가 더 어울린다고 생각합니다. 여러분의 미래는 결국 여리분 스스로 만들어가게 될 거고, 저는 이 시간을 통해 여러분이 미래를 바라보는 시야를 넓혀주는 역할을 하는 거고요. 그럼 지금부터 게임 형식으로 아이디어를 발전시켜 볼게요.

만세   오, 게임 좋아요.

미래쌤   아까 고른 '인공지능 대통령'으로 해보죠. 이 아이디어에서 '대통령'을 지워볼게요. 그럼 '인공지능'이라는 키워드만 남죠? 이제 대통령 자리에 다른 단어를 이어서 써보는 거예요.

별이   아! 인공지능…… 친구! 이렇게요?

미래쌤   그렇죠.

만세   인공지능 자동차요.

유준   인공지능 의사도요.

22번   고양이요.

투투   야옹.

만세   인공지능 김별이요.

별이   헐.

미래쌤   이렇게 아이디어 하나를 변형할 수가 있어요. 이제 구체적으로 상상해봐야겠죠? 5분간 각각의 상황에서 일어날 미래 사건을 하나씩 써봅시다.

        (모두 미래 사건을 고민하여 쓴다.)

만세   "인공지능 대통령이 해킹을 당해서 국가가 마비되었다."

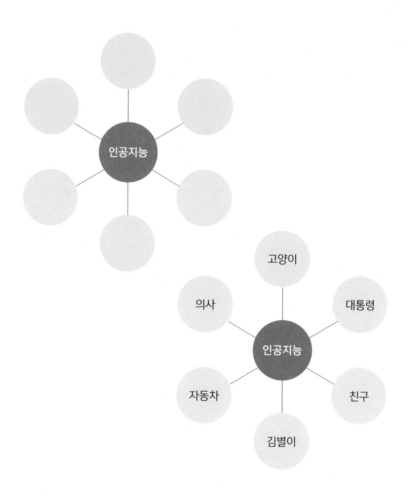

유준 “인간 의사는 수술을 권유했지만, 인공지능 의사는 수술 대신 약물 치료를 권유했다. 환자는 인공지능 의사의 선택을 따르기로 했다.”

별이 “나는 이제 100살. 나의 첫 인공지능 친구는 여전히 10대의 모습을 하고 있다.”

22번 "인공지능 고양이에게는 먹이를 줄 필요가 없다. 대신 이야기를 들어줘야 한다. 인간 말을 하는 고양이라니. 가끔은 자기를 주인이라고 부르란다. 참나."

투투 "인간이 다니는 학교에서 함께 수업을 들었다. 미래를 배우다니. 하여간 인간은 참 특이하다. 야옹."

함께하는 미래 수업 ▶▶

여러분은 어떤 아이디어가 엉뚱하고 재미있게 느껴졌나요? 먼저 미래 수업 친구들이 고른 '인공지능'에 여러분의 아이디어를 더해볼까요?

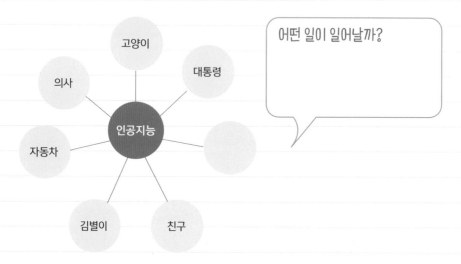

이번에는 '어디로든 문'으로 미래를 상상해볼까요?

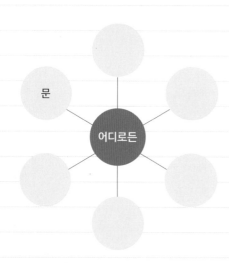

먼 옛날 사람들에게는 엘리베이터도 '어디로든 문'같이 신기한 마법으로 느껴질 거예요. SF 작가 아서 클라크Arthur charles Clarke는 "충분히 발달한 과학기술은 마법과 구분할 수 없다."라고 말하기도 했어요. 지금 우리에게 마법같이 느껴지는 상상이 미래에는 평범한 현실로 다가올 수도 있겠죠? 미래의 범위는 쉽게 가늠할 수 없어요. 용기 있게 멀리, 넓게 상상해봅시다.

엉뚱한 상상이 미래를 바꾼다

달 착륙, 인공위성, 우주정거장, 인공지능 로봇, 가상현실 세계……. 세상을 깜짝 놀라게 한 이런 발명품들은 어디서부터 그 아이디어가 시작된 것일까요? 바로 SF 소설가의 상상에서 시작된 것입니다.

달 착륙은 쥘 베른의 소설 『지구에서 달까지』에서 시작됩니다. 당시에는 로켓 기술이 없기 때문에 주인공들은 커다란 대포의 탄환을 통해 달까지 쏘아 올려집니다. 소설이 발표된 지 105년 뒤인 1969년, 미국은 아폴로 11호를 통해 최초로 인류를 달에 보냅니다.

미국의 우주개발에 가장 지대한 영향을 미친 사람 중 한 명은 아서 클라크라는 SF 작가입니다. 그는 인공위성, 우주 엘리베이터, 우주 왕복선, 인공지능 로봇을 상상해냈고, 나사의 과학자들은 이들 중 많은 것들을 실제로 만들었습니다.

"미래는 이미 와 있다. 단지 널리 퍼져있지 않을 뿐이다."라는 말로도 유명한 윌리엄 깁슨은 소설 속에서 지금의 여러분들이 열광하는 사이버스페이스(가상공간)의 개념을 창조해냈습니다.

에이, 너무 당연하다고요? 나도 그 당시에 살았으면 그 정도의 상상은 할 수 있었을 거라고요?

미국의 저명한 미래학자 짐 데이터는 "미래를 바꾸는 중요한 아이디어는 너무나 놀라워서 사람들에게 우스꽝스럽게 보일 수 있다."라고 말했습니다.

예를 하나 들어보겠습니다. 최근 인공지능이 발달해서 수십 년 내에 사람들의 일자리를 빼앗으리라는 말들이 많습니다. 그럴듯하게 들리나요?

그런데 제가 이렇게 주장하면 어떨까요? "수십 년 후에는 인공지능 로봇이 사람들과 함께 어울려 사는 것은 물론이고, 사람들과 결혼도 하고 대통령을 뽑는 투표권도 가질뿐더러 우리나라의 대통령이 될 수도 있을 거야."

아마 황당한 이야기로 들리겠죠? 그렇다면 방금 제 주장을 과거의 다른 사례들과 한 번 비교해보면 어떨까요? 예를 들면 여성, 흑인, 어린이의 권리 같은 것들 말입니다.

민주주의가 시작된 유럽에서도 본격적으로 여성들에게 참정권이 주어진 것은 20세기 들어서입니다. 사우디아라비아에서는 2015년에야 여성이 참정권을 가졌습니다. 미국의 링컨 대통령이 유명한 노예해방 선언을 한 것은 1863년입니다. 18~19세기 미국에서 흑인은 널리 사고 팔리는 물건과 같은 존재였습니다.

어린이가 어른과 달리 보호받아야 한다는 개념도 20세기에 들어와서야 생긴 것입니다. 그전에는 민주주의가 발달했다는 영국에서도 아이들이 성인과 똑같이 12시간이 넘는 노동을 해야만 했습니다. 오히려 작은 체구만 들어갈 수 있는 좁은 갱도 같은 곳에서 일하는 등, 일하는 환경이 어른들보다 더 열악했습니다.

만약 여러분이 타임머신을 타고 150년 전 미국으로 가서 "흑인은 우리와 같은 사람입니다. 수십 년 뒤에는 우리와 결혼도 하고, 투표도 할 수 있고, 우리 미국의 대통령이 됩니다."라고 말한다면 사람들의 반응은 어떨까요? 황당하다는 반응을 넘어서서 어쩌면 여러분들은 신변의 위협을 받을지도 모르겠습니다. 그런데 어떻습니까? 실제로 미국의 44대 대통령은 바로 흑인인 오바마 대통령이었습니다.

　　지금 너무나 당연하게 여겨지는 여성의 정치 참여, 노예제도 철폐, 아동보호 같은 것들이 불과 100~200년 전에는 없었던 새로운 개념이라는 것은 어찌 보면 놀라운 사실입니다.

　　이처럼 세상을 획기적으로 변화시키는 생각은 너무도 놀라운 것이라서 사람들에게는 다소 터무니없거나 황당하게 들릴 수 있습니다. 그러니 여러분도 앞으로 어떤 황당한 생각이라도 웃어넘기지 말고, 그 생각의 다양한 가능성을 한 번쯤은 생각해보기를 바랍니다.

오르락내리락,
한 줄로 그려보는 다양한 미래

최후까지 살아남는 사람은
가장 힘이 세거나 영리한 사람이 아니라
변화에 가장 민감한 사람이다.

– 찰스 다윈

유준 강만세, 뭐 쓰고 있어?

만세 안녕, 차박. 지난 시간에 미래쌤이 엉뚱한 아이디어를 놓치지

말라고 했잖아. 실천 중이지.

별이 강 박사님 되려고? 뭘 그렇게 열심히 써?

만세 관찰 일지.

유준 올.

별이 만세 진짜 달리 보인다. 뭘 관찰하는데?

만세 쉿, 온다.

(22번이 등장한다.)

만세 "다섯 발자국을 걸어 자리에 앉음. 주위를 둘러봄. 양손은 주

머니에 넣고 있음(뭐가 들어 있는지 확인 필요). 하품 한 번. 어딘

지 피곤해 보임. 수상함."

유준   혹시 관찰한다는 게…….

별이   22번이냐.

만세   엉뚱하고, 이상하고, 본 적 없는 것. 딱 맞잖아.

별이   어이구.

유준   킥킥.

        (미래쌤이 들어온다.)

미래쌤 안녕하세요.

유준   안녕하세요.

별이   쌤, 기다렸어요.

만세   (열심히 일지를 쓰며) 안녕하세요.

미래쌤 오늘은 만세가 공책을 준비했네요.

만세   앗, 아니에요.

미래쌤 유준이는 빈손이고.

유준   수업 시간에 필기하니까 오히려 놓치는 부분이 있는 것 같아

        서요. (안경을 올리며) 일단 수업에 집중하고 나중에 정리하려

        고요.

별이   나왔다, 안경 올리기.

만세   차박이 집중할 때만 나온다는.

미래쌤 이제 네 번째 수업인데, 여러분을 조금씩 알아가는 게 즐겁네요.

별이 우리 수업에 박사님이 한 명 더 늘어날지도 몰라요, 쌤. 강박이라고.

만세 나도 안경 하나 사야겠다. 차박은 안경, 강박은 선글라스.

미래쌤 참, 고양이 투투는 어떻게 됐나요?

별이 학교 앞 꽃집 언니가 돌볼 수 있다고 해서 지금 꽃집에 있어요. 언제든 놀러 가도 된대요. 언제 같이 가요, 쌤!

22번 이거.

별이 이게 뭐야?

22번 투투 간식. 이따 갖다 줘.

별이 수업 끝나고 같이 들르자.

22번 음……. 아냐, 난 바로 가봐야 해.

만세 (유준에게 작은 목소리로) 봐, 수상하잖아.

유준 (고개를 갸우뚱하며) 그런가?

미래쌤 여러분도 활기차고, 투투도 건강하고, 좋네요. 그럼 오늘 수업을 시작해볼까요?

별이 쌤, 오늘은 뭐 배워요?

미래쌤 오늘은 선으로 표현된 미래를 보고 배우는 시간이 될 거예요.

만세 선이요?

별이 직선, 곡선……, 그런 선이요?

미래쌤 맞아요. 직선, 곡선, 올라가는 선, 내려가는 선 등등. 선으로 미래를 배워보는 거죠.

유준　그래프 말씀하시는 거예요?

미래쌤　그래프라고 하면 더 정확하겠죠. 직접 보면서 이야기를 나눠 볼까요?

미래쌤　자, 이 선은 무엇을 뜻할까요?

만세　에? 이게 끝이에요?

별이　쌤, 위로 계속 올라가네요. 끝에 화살표가 달려 있고요.

미래쌤　별이가 잘 봤어요. 선의 끝에 화살표가 달려 있고 위를 향해 있죠.

유준　무언가가 상승하는 그래프 같습니다.

미래쌤　좋습니다. 유준이 말대로 상승 그래프라고 볼 수 있어요. 인류의 역사를 축소해서 하나의 선으로 표현했다고 상상해보세요. 이 한 줄의 선은 무엇을 뜻할까요?

만세　음……, 공원에 스케이트보드 타는 곳 같기도 하고. …… 속도?

미래쌤 속도, 예를 들어줄 수 있을까요?

만세 저게 인류 역사라고 보면, 옛날 사람들은 다 걸어 다녔잖아
요. 그런데 어느 순간 말도 타고, 자전거도 타고, 자동차도 타
고⋯⋯. 지난 시간에는 우주여행도 할 수 있다고 하셨잖아요.
그런 걸 보면 탈것의 속도가 엄청 빨라진 걸 저렇게 표현한 것
같아요.

별이 수업이 진짜 효과가 있나 봐. 만세가 똑똑해진다.

만세 원래 하면 잘한다고.

미래쌤 만세가 잘 대답했어요. 그래프의 시작점을 걸어 다니는 인류
라고 보고 끝을 우주를 여행하는 인류로 본다면, 지금 보는
것처럼 극적인 상승 그래프를 그릴 수 있겠죠.

별이 쌤, 저는 건물 높이요. 우리나라도 100년 전에는 초가집이나
기와집에 살았잖아요. 근데 지금은 높은 건물도 많고 '빌딩
숲'이라는 말도 있어요.

유준 100층이 넘는 건물도 생겼지.

미래쌤 별이도 잘 대답했어요. 누가 더 높은 건물을 지을지 지금도 경
쟁을 진행하는 중이죠.

유준 미래에는 굳이 땅에서 안 살아도 되는 거 아닐까.

만세 하늘 도시?

22번 (끄덕끄덕) 하늘 도시 좋지. 바다 도시도 좋고.

미래쌤 실제로 초고층 건물이 구름보다 높이 솟아 있을 때도 있지요.

별이 　상상만 해도 어질어질. 나 고소공포증 있는데.

22번 　걱정하지 마. (찡긋)

만세 　수상해, 수상해.

유준 　쌤, 저는 사람이요. 세상이 변하면서 사람 수도 늘었잖아요. 인구가 얼마나 늘었는지를 보여주는 그래프 같아요.

미래쌤 전 세계 인구수. 좋은 답변입니다.

유준 　히히, 정답은 뭐예요?

미래쌤 정답은!

모두 　정답은?

미래쌤 여러분이 말한 게 다 정답이에요.

만세 　에?

미래쌤 첫 수업 때 배웠던 하와이미래학연구소 기억하나요?

유준 　기억나요. 오토바이 타는 미래학자 할아버지?

미래쌤 네, 1세대 미래학자인 짐 데이터 교수를 소개했죠. 오늘 배울 그래프들은 하와이미래학연구소에서 개발한 미래 사회의 모습이에요. 방금 본 그래프는 그중 첫 번째인 중단 없는 성장 사회Continued Growth를 그린 거고요. 오늘은 각기 다른 그래프를 통해 네 가지 미래를 배울 거예요.

별이 　네 가지나요?

미래쌤 오늘은 이름만 알고 지나가면 되니까 걱정하지 않아도 돼요.

만세 　쌤, 저는 한 번에 두 개 이상은 못 외우는데요.

미래쌤 외우지 않아도 괜찮아요. 앞으로 네 가지 미래와 자연스럽게 친해질 거예요.

만세 벌써 잊어버린 듯.

유준 1번, (안경을 올리며) 중단 없는 성장.

만세 차박, 안경 기술 들어가는 거냐.

별이 강박, 벌써 포기?

미래쌤 이 사회는 경제성장이 앞으로도 지속되리라는 믿음이 있어요. 여러분이 대답한 인구 상승, 고층 빌딩, 교통 발달 모두 이 미래 사회의 특징이고요. 경제적으로 풍요롭고 끝없이 성장하리라고 기대하는 사회입니다.

별이 자꾸 올라간다니 울렁거려. 고소공포증.

만세 괜찮냐?

미래쌤 울렁거리는 별이를 위해, 두 번째 그래프를 같이 볼까요?

만세   오, 아까랑은 반대네요?

미래쌤   첫 번째 그래프가 상승 그래프라면 이번 그래프는 하강 그래프라고 할 수 있겠죠. 무엇을 의미할까요?

별이   음……, 보자마자 왠지 북극곰이 생각났어요. 뾰족한 봉오리가 다 녹고 남은 얼음 덩어리 같기도 하고. 다큐멘터리에서 보니까 북극곰이 멸종 위기래요. 그래프가 꺾어지는 걸 보니까 북극곰이 점점 사라지는 걸 표현한 것 같아요.

만세   김별이, 너는 수의사, 아니 동물복지사 해도 되겠다. 고양이 엄마, 북극곰 할머니 이런 거.

별이   할머니는 무엇임.

유준   동물복지사라는 직업도 있나?

별이   사회복지사 아닌가?

22번   식물복지사도 있는데.

만세   수상해, 수상해.

미래쌤   별이 말처럼 멸종 위기 동물의 개체 수를 그래프로 그리면 하강하는 모양으로 그릴 수 있겠지요. 또 뭐가 있을까요?

유준   지구온난화 하니까 녹지도 생각나요. 세계 녹지 지도를 봤는데 100년 사이에 녹지가 많이 파괴되었더라고요.

미래쌤   여러분은 하강 그래프를 보고 자연과 관련한 지표를 떠올리는군요. 이제 중요한 부분을 한번 짚어볼까요? 여기서 잘 봐야 하는 것은 그래프의 끝나는 지점이에요.

별이   어, 쌤, 끝이 시작 지점보다 밑에 있어요.

미래쌤   그렇죠. 이건 무엇을 의미할까요?

유준   모든 게 다 사라졌다는 거 아닌가요?

별이   북극곰의 멸종?

유준   녹지 0퍼센트?

만세   잠깐, 북극곰이나 녹지가 아니라면?

유준   헉.

별이   사람이면?

유준   인류라면?

만세   멸망이네.

유준   완전한 붕괴.

별이   진정한 멘붕.

만세   우리에게 미래는 없는 것인가.

22번   …….

미래쌤   잘 보았습니다. 선이 점점 내려가다가 시작보다 더 밑으로 내려간다면 여러분이 말한 멸망 혹은 완전한 붕괴가 된 상태라고 할 수 있겠죠. 전문가들도 이 그래프를 붕괴 사회Collapse라고 부릅니다.

유준   암울하네요.

만세   차박, 걱정하지 마. 가상현실이 있잖아.

별이   어휴, 전기도 없는데 컴퓨터는 어떻게 할래?

만세 헉.

유준 쌤, 붕괴의 예시가 있어요?

미래쌤 가장 최근 사건으로는 2011년에 있었던 일본 후쿠시마 원전 사고를 예로 들 수 있습니다. 사건 이후 후쿠시마는 사람이 살지 못하는 도시가 되었고, 원자력발전소도 가동을 멈추었죠. 한 도시의 붕괴를 보여주는 사건이라고 할 수 있어요.

유준 지진이나 태풍 같은 자연재해가 생각나요.

미래쌤 자연재해는 인류의 붕괴를 가져오는 중요한 사건이죠. 특히 인간이 통제하기 어렵다는 점에서 완벽하게 대비할 수도 없고요. 재난에 대한 위기관리는 미래 연구에서 중요한 주제이기도 해요.

별이 미래 연구를 통해서 재난을 막을 수도 있어요?

미래쌤 완벽하게 막는 것은 불가능하겠지요. 하지만 지나치기 쉬운 작은 위험신호를 발견하여 재난에 대비하고자 노력하는 것도 미래 연구의 중요한 역할입니다. 미래의 위험을 염두에 두고 건물을 짓는다거나, 안전 법규를 만들어 잘 지킨다거나, 위기 상황 시뮬레이션을 해본다거나 하면서요. 붕괴 미래는 사회에 위험을 경고해줄 수 있다는 면에서 의미가 있죠.

별이 사회가 조금만 더 느려졌으면 좋겠어요. 서두르다 보면 더 위험해지잖아요.

만세 덜렁이 김별이가 할 말인지.

별이 한 번에 두 발 나가본 적 없으면 말을 마셔.

22번 별이는 걱정 안 해도 될 거야.

만세 (일지를 쓰며) "김별이에게 뭔가 알 수 없는 말을 함. 키득거리며 웃음."

유준 두 번째, (안경을 올리며) 붕괴 미래.

만세 차박, 또 혼자 외우기냐.

미래쌤 이제 세 번째 그래프를 볼까요?

별이 쌤, 이건 산이네요.

만세 오, 정말 그러네.   、

별이 산에 열심히 올라가서 정상 찍고, 내려가다 보니 평지가 나와서 느긋하게 걷는 느낌이랄까.

미래쌤 별이의 표현이 재미있네요. 평지라고 말한 부분이 아까 붕괴 그래프와의 차이점이라고 할 수 있겠죠. 붕괴는 끝까지 곤두박질쳤지만 이번 그래프는 내려가기 전에 멈추어 유지하는 게 특징입니다.

유준 아까 상황이랑 연결되는 것 같아요. 뭔가 위기의식을 느꼈을 때 잠깐 멈추어 붕괴를 늦추는 거요. 이를테면 자연을 보호해서 녹지가 더 줄어들지 않게 노력한다거나.

만세 동물을 보호해서 멸종되지 않도록 하는 것처럼?

별이 내려가다 평평하게 이어지는 부분에 구조대가 투입되는 것 같은데? 막 내려가는 상황에서 투입하면 위기를 넘길 수 있도록 해주는 미래 구조대.

22번 정확한데?

만세 (관찰 일지를 꺼내며) 뭐라고?

22번 ······.

미래쌤 미래 구조대라는 발상이 재미있네요. 어떤 상황에서 구조대가 투입될까요?

유준 아무래도 다 같이 합의해야 하지 않을까요?

별이 차박 말처럼 많은 사람이 위기의식을 느낄 때 상황이 달라질 수 있을 것 같아요.

미래쌤 유준이와 별이의 말처럼 합의가 중요합니다. 그래서 이 그래프 모양은 종종 하나의 지역, 도시의 가치를 표현하게 돼요. 예를 들어 독일의 보방Vauban이라는 도시는 자동차가 없어요. 에너지를 아끼고 자연을 보호하고자 주민이 합의하여 자동차 없는 도시를 만든 거죠. 에스파냐의 폰테베드라Pontevedra도 15년 이상 차 없는 도시를 유지하고 있고요.

별이   와, 공기는 진짜 맑겠다.

만세   우리나라에는 없어요?

미래쌤   우리나라에도 있습니다. 태양광을 이용하여 에너지 자립을 하는 지역이 있죠. 서울시의 성대골마을, '에코 아일랜드'라는 별명으로 불리는 통영의 연대도가 대표적이라 할 수 있겠네요. 이러려면 삶의 방식을 바꾸어야 하므로 비슷한 생활 방식을 추구하는 사람들이 원하는 가치를 실현하고자 모여 살게 됩니다.

별이   쌤, 선만 봤는데도 끌리는 게 있어요.

미래쌤   별이가 선에 숨은 가치를 읽어내서가 아닐까요?

만세   뭐가 보인다는 거지?

별이   잘 들여다봐 봐. 『어린 왕자』 보아뱀 코끼리 몰라? 잘 보면 보인다.

22번   알지.

만세   끙.

유준   쌤, 이 그래프는 이름이 뭐예요?

미래쌤   보존 사회Discipline라고 부릅니다. 이 사회의 사람들은 미래 세대를 위해 살아가죠. 현재 주어진 것을 아끼고, 보존하고, 절제하여 후손에게 물려주고자 하는 사회예요. 별이가 말한 미래 구조대는 이 사회 전체 구성원이 추구하는 가치와 닮아 있다고 볼 수 있어요.

만세 이 미래는 어쩐지 재미없을 것 같아요.

미래쌤 책임감을 중요하게 여기니까 톡톡 튀는 재미는 없을 수 있죠. 하지만 공동체의 화합을 중시하므로 구성원 간의 신뢰를 돈독하게 하려는 이 사회만의 놀이 문화가 있겠죠.

별이 누가 누가 잘 아끼나 그런 거요?

만세 재미있겠냐.

유준 (필기하며) 보존 사회.

만세 차박, 응원한다.

미래쌤 이제 마지막 그래프를 볼까요?

유준 오, 이건 엄청 특이한데요?

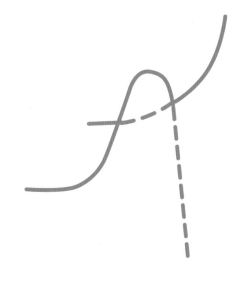

만세　이게 뭐냐.

별이　줄이 많고…….

유준　점선도 있는데?

미래쌤　진한 선이 눈에 띄는 대세라면, 점선은 눈에 보이지 않는 조용한 흐름이라고 할 수 있어요. 대세였던 진한 선이 도태될 때, 점선은 새로운 대세로 부상하죠. 두 선이 만나 새로운 선을 만들게 되고요. 이때 사회는 완전히 새로운 모습으로 변화합니다.

별이　쌤, 어려워요.

미래쌤　이 그래프의 핵심은 낯섦, 새로움이에요. 지금은 당연히 어렵게 느껴질 수 있어요. 이 세계를 번데기가 나비로 변태하는 것에 비유하기도 하니까요. 번데기만 보았을 때는 결코 나비의 모습을 상상할 수 없죠. 그러나 어느 날 문득 고치 속에서 탈바꿈을 마친 나비가 세상 밖으로 나올 때는 아름다운 날개를 펼칩니다. 누구도 상상하지 못한 극적인 변화를 보여주죠. 이 그래프가 의미하는 것은 인류의 삶도 나비처럼 극적인 변화를 겪을 수 있다는 겁니다.

만세　인간이 인간 아닌 외계인이 되기라도 한단 말인가요?

미래쌤　맞아요.

만세　맞다고요?

미래쌤　우리가 알던 인간은 사라지고 완전히 새로운 인간, 신인류가 탄생하는 거니까요. 외계인도 새로운 인류일 수 있죠.

유준 인공지능 로봇이 생각나요.

미래쌤 네, 인간과 기계 사이의 경계가 무너지는 것도 새로운 인류의 탄생을 보여준다고 할 수 있어요. 극도로 발달한 과학기술이 이 사회의 특징이기도 하죠.

별이 갑자기 우주로 날아간 기분.

미래쌤 인간이 지구 밖에서 살게 되는 상황도 이번 그래프라면 충분히 가능합니다.

유준 이 그래프 이름은요?

미래쌤 변형 사회Transformation라고 해요.

유준 변형 사회.

만세 근데 나는 왠지 이게 좋다. 아까 김별이가 선만 보고 끌린다고 한 게 뭔지 알겠어.

별이 그렇지?

미래쌤 아까는 보이지 않던 게 이제는 보이나 보네요.

22번 (끄덕끄덕)

미래쌤 오늘 수업 어땠나요? 어려웠나요?

유준 쉽진 않았는데 그렇게 어렵지도 않았어요.

만세 차박의 자신감.

별이 저도요. 근데 재밌어요.

미래쌤 여기서 끝나면 섭섭하겠죠? 선으로 표현된 다양한 미래를 배

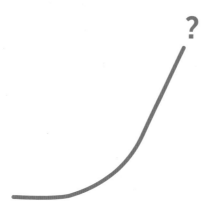

웠으니 스스로 미래를 이어 그려 보겠습니다.

미래쌤   지금까지 한국 사회가 그려온 궤적은 첫 번째 그래프인 중단
없는 성장과 닮아 있어요. 물음표 지점이 오늘이라고 했을 때,
이후에는 어떻게 될까요? 여러분이 직접 이어 그려보세요.

만세   막상 하려니까 또 머릿속이 하얘지네.

별이   쌤, 정답은 없는 거죠?

미래쌤   물론이죠. 손이 가는 대로, 마음이 가는 대로 그려보세요.

별이   후유.

유준   후유.

22번   얼마나 먼 미래까지 그려야 해요?

미래쌤   자유롭게 설정해보세요. 종이 위에 연도를 써도 좋고요. 선을
그은 뒤에는 이유도 적어보세요.

유준   저는 30년 할래요.

별이   저는 50년.

만세   나는 100년.

22번   …… 1000년.

       (모두 그래프를 그리고 이유를 적는다.)

유준   "과학기술 발달로 인간은 150살까지 살 것이다. 경제성장은 계속된다."

별이   "하늘만 쳐다보던 사람들이 주위를 둘러보기 시작했다. 『꽃들에게 희망을』에서 꼭대기까지 올라갔지만 결국 아무것도 없었던 결말이 생각난다. 올라가기 전에 멈춰 서보기. 나는 고소공포증이 있다고!"

만세   "한 줄을 망쳐서 다시 그렸다. 두 줄이 꽤 멋져 보여서 세 줄을 그렸다. 결국 한 선에서 분수처럼 선을 마구 뽑아냈다. 킥킥."

22번   "선을 이어 그리는 대신 점 하나를 찍었다. 점 속에도 미래가 있으니까. 1000년 후 현재로 날아오며 시간 여행을 하는 미래인."

함께하는 미래 수업 ▸▸

선 하나로 미래를 표현한다는 것. 간단하면서도 심오하죠? 미래학자 짐 데이터
도 강의를 듣는 학생들에게 꼭 하는 질문입니다. 다음은 어떻게 될까요? 여러분
도 미래를 선으로 이어서 표현해보세요.

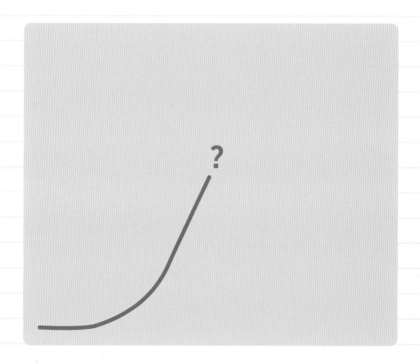

여러분은 올라가게 그렸나요? 혹은 내려가게 그렸나요? 여러 개의 선을 그린 친
구도 있나요? 안정적으로 유지되거나 변신을 꿈꾸는 등 자신만의 그래프를 그
렸을 거예요. 중요한 건 이유입니다. 여러분이 그렇게 선을 그린 이유를 적어보
세요. 잘 모르겠다고요? 때로는 모르겠다는 솔직함도 좋은 답변이니 걱정하지
마세요. 일단 책을 다 읽고, 다시 돌아와도 좋고요.

미래에 관심이 많은 나라들

미래에 관심을 두어 활발히 연구도 하고 그 결과를 나라의 큰 결정을 내리는 데 사용하거나 학생의 교육에 활용하거나 시민의 생활을 편리하게 하는 데 이용하는 나라가 많습니다. 미국, 핀란드, 싱가포르, 영국 등이 그렇습니다.

미래학이 발달한 나라나 지역을 보면 그럴 만한 이유가 있음을 짐작할 수 있습니다. 미국의 유명한 미래학연구소가 있는 하와이는 태평양에 자리 잡은 섬입니다. 우리에게는 휴양지로만 알려진 하와이에는 안팎으로 여러 가지 문제가 있습니다. 하와이는 오래전부터 화산, 해일, 태풍 등 예기치 않은 자연재해를 여러 차례 겪어왔습니다. 아직도 매년 분출하는 활화산도 있습니다. 또한 본토와의 왕래가 끊어지기라도 하면 큰일이 납니다. 기상 악화로 본토와 하와이 사이를 오가는 선편이 끊어지자 동네 슈퍼에 먹을 것이 동나고 넘쳐나는 쓰레기를 본토로 수송하지 못해서 큰 문제가 발생했습니다. 또 하와이 출신자는 미국에서 시골뜨기 취급을 받기 일쑤입니다. 한편으로는 섬 내의 이민자와 원주민 사이의 갈등도 있습니다.

이러한 복잡한 사정으로 말미암아 하와이는 항상 눈을 크게 뜨고 안팎의 변화를 살피지 않으면 안 되었습니다. 이것이 아마도 세계적으로 유명한 '하와이대학 미래학연구센터'가 탄생한 배경이 아닐까 합니다. 하와이대학 정치학과에 있는 이 연구소는, 다양한 미래에 관한 관심을 바탕으로 하와이 지역 주민이 적극적으로 미래를 고민하고 스스로 변화를 일으키려 노력하도록 도왔습니다. 또한 미래학에 관심을 둔 전 세계의 많은 사람을 받아들여 가르쳤는데, 이곳에서 배운 사람들이 다시 각국에서 미래학을 전파하고 있습니다.

핀란드는 지금은 북유럽의 작지만 강한 나라입니다. 그러나 19세기까지 스웨덴과 러시아의 지배를 받았고 20세기에는 독일과 소련 두 강대국 사이에 끼여서 여러 차례 내전과 전쟁을 겪었던 나라입니다. 이 나라는 미래학을 활용한 결정을 통해 나라를 재건하고 발전시킨 모범적인 사례로 꼽힙니다.

핀란드 정부의 미래위원회는 5년마다 미래를 예측한 보고서를 발행하고 국가는 큰 결정을 내릴 때 항상 이를 참고합니다. 이 위원회는 매우 권위가 있어서 핀란드 총리가 되려면 꼭 이 위원회의 위원장을 거쳐야 하는 것이 암묵적인 규칙이었습니다.

핀란드는 예기치 못한 큰 사건을 대비하는 'X 이벤트'라는 연구도 활발히 진행하였습니다. 이러한 대비를 통해서 핀란드의 '삼성'이라고도 할 수 있는, 한때 핀란드 경제의 25퍼센트를 담당했던 대기업 '노키아Nokia'가 몰락하였을 때도 그 충격을 잘 견뎌낼 수 있었습니다.

싱가포르도 오랫동안 말레이시아, 포르투갈, 네덜란드, 영국, 일본의 지배를 받았습니다. 싱가포르는 1965년에야 비로소 독립했는데, 리콴유李光耀 총리가 장기간 집권하면서 여러 논란에도 불구하고 실업과 자급자족 문제를 해결하며 놀라운 경제성장을 이루었습니다. 작은 도시국가인 싱가포르도 미래학을 정부에서 활용합니다. 예컨대 빅데이터를 이용한 예측으로 관광 안내를 하는 등, 사람들의 생활을 편리하게 하는 데 미래학 연구 결과를 이용합니다.

영국과 핀란드는 미래학의 성과를 교육에도 다양하게 활용하고 있습니다. 영국은 '디자인과 기술'이라는 과목에서 미래를 예측하는 연습을 통해 학생들이 미래에 필요한 물건이나 서비스를 스스로 만들어보고 발표하는 수업 과정을 진행하며, 핀란드도 '미래 교육'이라는 이름으로 학생들의 교육 전반에 걸쳐 다양한 미래 연구 방법을 활용하고 있습니다.

우리나라는 싱가포르와 마찬가지로 짧은 시간에 놀라운 경제성장을 이루어 세계의 주목을 받았고, 지금은 세계 10대 경제 대국으로 선진국 진입의 문턱에 와 있습니다. 지금까지는 선진국을 재빨리 쫓아가기만 하느라 정작 우리가 선두에 선 다음에는 어디로, 어떻게 달릴 것인지를 이제야 고민하는 상황입니다. 성장의 과정에서 발생한 양극화 문제로 말미암아 사람들 사이에서 다양한 갈등도 커졌습니다. 그 와중에 제4차 산업혁명이 어쩌고, 인공지능이 어쩌고 하며 앞으로는 사람들의 일자리가 사라진다고들 합니다.

현재 우리나라가 처한 상황을 보면 미래학이 꼭 필요한 때가 아닐까 합니다. 앞서 말한 나라들처럼, 우리나라도 미래학을 배우고 잘 활용하여 미래를 고민하고 대비함으로써 당면한 문제를 해결해야 하지 않을까요? 다양한 사람들 간의 합의를 통해 모두가 바라는 미래를 이루기 위한 큰 꿈을 펼쳐 나가야 하지 않을까요?

내가 최고야!
초고층 건물이 빛나는 거대 도시

나는 내가 부자가 되는 것을
한 번도 의심해본 적이 없다.
– 워런 버핏

유준   중, 붕, 보, 변. 중, 붕, 보, 변.

별이   차박, 그게 무슨 소리야?

만세   공부를 너무 열심히 하더니만……. 정신 차려!

유준   지난 시간 배운 거 복습 중. 중, 붕, 보, 변.

별이   아! 네 가지 미래? 중은 중단 없는 성장, 붕은 붕괴, 보는 보
존……. 변은 뭐였더라.

만세   변신?

22번   변형.

만세   헉, 22번 언제 왔냐? 발에 바퀴라도 달린 거냐. 소리도 없이.

유준   머리글자만 따서 외우고 있었지. 중, 붕, 보, 변.

만세 더 간단히 할 수도 있잖아. 자음만 따서 ㅈㅂㅂㅂ.

별이 즈브브브?

22번 주바보비.

유준 으악, 갑자기 헷갈려.

만세 차박, 언제나 널 응원한다.

(미래쌤이 등장한다.)

미래쌤 안녕하세요.

별이 쌤, 안녕하세요.

만세 쌤, 저희 복습 중이었어요. 지난 시간에 배운 네 가지 미래요.

미래쌤 와, 벌써 외운 건가요?

만세 즈브브브로 외웠어요.

별이 어이구.

만세 자음이 즈브브브인 건 외웠는데, 즈브브브가 뭔지는 잊어버렸네.

별이 강만세답다.

유준 중, 붕, 보, 변. (안경을 올리며) 중단 없는 성장, 붕괴, 보존, 변형입니다.

만세 차박은 눈이 네 개라 뭘 더 잘 외우는 건가.

22번 눈을 몇 개 더 붙일 거면 뒤에 다는 게 낫지.

만세 응?

유준 올라가는 그래프, 내려가는 그래프, 중간에 멈춰서 유지하는 그래프, 또…….

별이   두 개의 선이 만나서 파격적으로 변하는 그래프! 이름은 잊어
       버려도 모양은 기억나요.

미래쌤 어려운 내용인데 잘 기억하고 있네요.

별이   쌤, 오늘은 뭐 배워요? 지난 시간에는 선으로 봤으니까, 오늘
       은 그림으로 보는 미래? 아니다. 미래를 노래로 부르고 춤으
       로도 추고……. 미래 파티!

22번   (파티용 나팔을 불며) 뿌뿌!

만세   주머니에 웬 나팔이 들어 있어?

별이   진짜 미래로 떠나면 더 좋고.

22번   그럴래?

만세   응?

미래쌤 별이 말처럼 진짜 미래로 떠날 수 있다면 교실에서 미래를 배
       울 때보다 훨씬 재미있겠죠. 쌤도 여러분과 함께 미래 여행을
       떠나고 싶네요. 아쉽지만 오늘은 교실 안에서 미래를 만나보
       도록 하죠.

별이   이젠 익숙해요, 쌤. 상상 미래 여행.

미래쌤 하하. 때로는 상상이 더 생생할 때도 있답니다.

22번   (끄덕끄덕)

미래쌤 지난 시간 배운 미래는 모두 몇 종류였죠?

유준   네 개요.

미래쌤 맞습니다. 오늘은 그중 하나인 중단 없는 성장 사회부터 만나 볼 거예요.

별이 하늘로 쭉쭉 올라가는 그래프죠?

만세 끝에 화살표가 달려 있고.

미래쌤 맞아요. 끝없이 성장하는 미래 사회죠.

별이 으악, 고소공포증.

유준 쌤, 근데 네 가지 미래를 왜 배워야 해요?

미래쌤 유준이가 좋은 질문을 해주었네요. 첫 번째 수업 때 배운 미래 연구 3원칙 기억하나요?

별이 네, 쌤. 기억나요.

미래쌤 두 번째 미래 원칙이 뭐였죠?

유준 퓨쳐스Futures.

만세 다양한 미래?

별이 하나의 미래the future를 예언할 수는 없지만 다양한 미래들

futures은 예측할 수 있다!

만세   김별이, 차박 공책 커닝하기냐.

별이   눈이 좋은 걸 어떡함.

22번   별이는 눈 더 안 달아도 되겠어.

미래쌤   여러분이 잘 말해주었어요. 하나의 미래를 정확히 맞히는 건 불가능하지만 다양한 미래의 가능성을 예측해보는 건 가능하고, 그럼으로써 미래를 바라보는 시야가 넓어진다고 이야기했죠. 오늘부터 배우는 네 가지 미래가 그 다양한 미래의 구체적인 예시라고 할 수 있어요. 하와이미래학연구소의 짐 데이터 교수가 사람들이 생각하는 다양한 미래 이미지를 모아서 구분해보니 크게 네 가지 미래로 나눌 수 있었다고 해요.

유준   모든 미래 이미지를 모았는데도 네 개밖에 없어요?

미래쌤   물론 미래 이미지는 한 사람이 상상하는 것만 해도 너무나 다양지만, 그 이미지 속에 숨겨진 미래 사회의 특징이나 가치관은 크게 네 가지로 나눌 수 있다는 거예요. 예를 들어서 어떤 미래는 뭐든지 새로운 걸 좋아하고 유행도 빠르게 바뀌죠. 하지만 또 다른 미래에서는 변화보다는 안정적인 삶을 좋아하고, 삶의 방식도 느릴 수 있어요. 모든 미래는 서로 다를 뿐, 특별히 좋고 나쁜 미래는 없어요.

만세   네 가지 미래 중에 망한 미래도 있었던 것 같은데.

미래쌤   붕괴 미래조차도 무조건 나쁘다고는 할 수 없어요. 모든 미래

는 서로 다른 특징으로 서로를 보완해주므로 대안 미래라고
도 부르죠. 오늘은 그중 첫 번째 중단 없는 성장 사회를 만나
볼 거고요.

별이 쌤, 궁금해요. 중단 없는 성장 사회!

미래쌤 좋습니다. 먼저 키워드를 통해 미래를 만나볼까요.

선진국	1등	1%	경쟁	빈부 격차
과학기술	의료 기술	수명 연장	로봇	풍요
자기 계발	GDP	다문화	G1	기업가

만세 쌤, 이게 미래예요?

미래쌤 이 키워드들은 중단 없는 성장 사회와 관련이 있어요. 마음에
들거나 궁금한 키워드를 하나씩 골라볼까요?

유준 저는 선진국이요.

별이 저는 다문화요.

만세 저는…… 로봇!

미래쌤 자기가 고른 키워드를 중단 없는 성장 사회와 관련지어서 이
야기해보죠. 선진국을 고른 유준이부터.

유준 중단 없는 성장이라고 하면 먼저 잘사는 나라가 생각나고요,
우리나라가 이런 사회가 되면 선진국 반열에 들어선다고 볼 수

있을 것 같아요. 정말 이렇게만 된다면 되게 좋을 것 같아요.

미래쌤 네, 유준이 말처럼 중단 없는 성장 사회에서는 선진국의 이미
지를 상상해볼 수 있어요. 또 다른 키워드인 풍요와도 연결되
고요. 다만 이 미래는 1퍼센트의 소수가 이끌어가고, 최고가
되는 것이 중요하므로 경쟁이 치열하죠. 굶어 죽는 사람은 없
지만 그만큼 1등과 꼴등 사이의 격차가 크고요.

유준 과학기술은 엄청 발달해 있겠네요?

미래쌤 맞아요. 과학기술이 크게 발달한 사회여서 최고의 의료 혜택
을 받을 수 있어요. 그 때문에 수명 연장도 가능하고요. 평균
수명이 100살을 훌쩍 넘지 않을까요?

만세 100살이면, 와, 지금보다 다섯 배도 더 살아야 하네.

별이 진짜 100살 넘게 사는 날이 올까?

22번 백춘기도 있는걸. 100살 사춘기.

별이 사춘기 다음은 오춘기 아닌가.

미래쌤 다음으로 만세가 고른 키워드와 그것을 고른 이유를 들어볼
까요?

만세 저는 로봇을 골랐는데요, 미래가 배경인 영화를 보면 항상 로
봇이 등장하잖아요. 하늘을 나는 자동차가 나오고 초고층 빌
딩에 다들 되게 잘살고요.

미래쌤 맞아요. 이 미래에는 로봇이 있을 겁니다. 사람의 삶을 편리하
게 해주고자 다양한 로봇을 일상에서 활용하겠죠.

유준   근데 쌤, 혹시 로봇이 사람의 일자리를 빼앗지는 않을까요?

별이   맞아, 그런 이야기 들어봤어.

미래쌤 이 사회는 성장이 가장 중요하므로 로봇이 인간보다 성장에
      크게 도움을 준다면 그럴 수도 있을 거예요.

만세   덤벼라, 로봇!

미래쌤 하지만 이 사회의 주인은 누가 뭐래도 인간이죠. 로봇은 인간
      을 도와주는 존재고요. 예를 들어 아이언맨은 슈트를 입으면
      막강한 힘을 자랑할 수 있게 되지만, 그래도 결국 주인공은
      아이언맨 슈트를 입은 인간 토니 스타크이지, 슈트는 아니죠.

별이   쌤, 근데 다문화는 왜 들어 있어요?

미래쌤 이 미래에는 한국 사람뿐 아니라 세계 모든 인종이 함께 어울
      려 살 거예요. 능력만 있으면 인종이나 국적은 중요하지 않
      죠. 나이도 큰 문제가 아니고요. 여러분 같은 청소년이 성공
      한 기업가가 되어 사회에 영향을 미칠 수도 있고요.

만세   전용기 하나 사야겠구먼.

미래쌤 하하. 다른 친구들은 어떤가요? 이 미래의 시민이 된다면 어
      떤 모습으로 살고 있을까요?

별이   저는 외국으로 나갈 필요가 없을 것 같아요. 한국이 세계의
      중심이 될 테니까 외국에 가지 않아도 세계 모든 사람과 만날
      수 있겠죠? 파티플래너가 돼서 세상의 모든 문화를 체험할 수
      있는 파티를 열고 싶어요. 일명…… '에브리싱 유 원츠Everything

you wants' 파티!

만세   발음은 한국 스타일인데.

별이   쳇.

미래쌤   별이가 여는 파티라면 쌤도 꼭 가보고 싶네요.

별이   오세요, 꼭 오세요!

유준   저는 역시 의사요. 로봇이랑 경쟁해야 하는 게 조금 걱정되긴 하지만 인간 의사만 할 수 있는 일이 있지 않을까요. 엑스레이 분석은 로봇이 더 잘할 수 있겠지만 환자와 대화하고 공감하는 능력은 인간 의사가 나을 것 같아요. 자신이 막…… 있진 않지만.

미래쌤   기업가 만세, 파티플래너 별이, 의사 유준이까지. 여러분의 이야기를 들으니 이 미래가 더 생생하게 다가오네요. 워밍업이 된 것 같으니 지금부터는 미래 시나리오를 하나 읽어줄게요. 중단 없는 성장 사회에서 100년 후 일어날 수 있는 일을 그린 미래 시나리오예요.

G1

> 모든 길은 한국으로 통한다.
> All Roads lead to Korea.
> – 작자 미상, 2088.

22세기를 앞두고 시작된 초고층 빌딩 경쟁에 전 세계의 이목이 집중

되었습니다. 직선의 미학을 살린 '스트레이트B'와 극도의 화려함을 추구한 '메가 다이아몬드'의 경쟁이 시작된 건 2098년 봄이었어요. 자수성가한 104세 기업가 강만세와 이제 막 열다섯 살이 된 10대 기업가 별이킴의 경쟁은 두 사람의 대조적인 외모, 이력만큼이나 흥미진진했죠.

만세	오, 우리 나온다.
별이	쉿.

2099년 12월, 먼저 완성된 건 스트레이트B였어요. 전 세계 스포트라이트가 스트레이트B 쪽으로 몰려들었고, '더 높이 더 빨리'를 주제로 한 강만세의 강연은 22세기의 새로운 리더십을 미리 보여주었죠. 그러나 승부는 여기서 끝이 아니었어요. 메가 다이아몬드 위로 레드 다이아몬드로 만든 기둥이 뾰족이 솟아나기 시작했습니다. 멈출 줄 모르고 하늘을 찌르던 다이아몬드 기둥은 스트레이트B보다 1킬로미터 높은 곳에 이르러서야 멈췄어요. 별이킴은 '더 높이 그보다 더 높이'라는 주제로 메시지를 전했고, 22세기의 시작과 함께 모든 영광은 별이킴에게 돌아갔어요.

별이	야호.
만세	쉿.

한국의 명성은 날로 높아졌습니다. 가장 살고 싶은 나라 1위, 가장 화려한 나라 1위, 가장 풍요로운 나라 1위 타이틀을 거머쥐며 세계 최고의 나라로 자리매김했지요. 2010년 G20 개최국이었던 한국은 2100년 G3의 개최국이 되었고, 세계적 기업인 열두 명 가운데 일곱 명이 한국인이었죠. 한국은 이제 반론의 여지가 없는 G1Great 1이었어요. 메가 다이아몬드 최고층에서 개최된 기업인 만찬은 호평 속에서 치러졌습니다. "마치 신이 된 기분이군요." 인도에서 온 한 투자자는 창밖을 바라보며 이렇게 중얼거렸습니다.

세계 명문 대학들이 서울에 캠퍼스를 만들면서 각국의 인재가 한국으로 몰려들었어요. 이들에 대한 적극적인 투자와 다양한 혜택으로 최고의 기술력을 가진 인재가 한국인으로 귀화하기 시작했고요. 북한은 남한으로 흡수통일이 되었습니다. 남한은 풍족한 자본을 활용해 북한을 개발했어요. 석유가 발견되었고 에너지는 그 어느 때보다 풍족해졌습니다. 북한의 인재 또한 세계 최고의 교육을 받으며 또 한 부류의 엘리트로 성장했지요.

유준   통일 한국이네.

만세   군대는 안 가겠군.

별이   100년 후 미래랍니다.

휴일에는 콜로세움에 모여 로봇 격투를 즐겼어요. 수천 대의 로봇이 원형 경기장에 모여 집단 격투를 하는 RF^Robot Fight 경기는 이 사회의 가장 큰 오락거리였어요. 사람들은 돈을 걸어 로봇을 응원했고, 경기 후 단 하나의 로봇만이 살아남았습니다.

만세   이 장면 어디서 본 것 같지 않아?

유준   로마 검투사?

2080년부터는 더는 대통령을 뽑지 않았어요. 대신 '톱게이너'라는 새로운 리더를 선별했습니다. '톱게이너'가 되려면 경쟁 게임을 해야 했지요. 이들의 게임은 방송을 통해 고스란히 방영됐어요. 외모, 매력, 교섭 능력, 풍족한 자산까지 여러 요소를 갖추어야 했고요. 국가에 이익을 내주기만 한다면 국적은 상관없었어요. 한국과 호주를 잇는 (한국·호주 간 이동 시간 세 시간 주파를 이끈) 해저터널의 공동 투자자 미스터 골든 거스는 한국 최초의 외국인 '톱게이너'가 되었습니다.

만세   다음 톱게이너는 나다!

별이   누구 맘대로?

22번   떨어지면 충격이 꽤 오래간다고.

만세   응?

한국의 밤은 낮보다 환하기로 유명합니다. 해가 지면 초고층 건물들이 뽐내듯 불빛을 뿜어내서 한밤중에 선글라스를 쓰는 것이 유행이죠. 이 선글라스는 '서울글라스'라는 이름이 붙여진 뒤 전 세계로 퍼져 나갔어요. 차유준 박사가 잠자지 않고도 피로를 푸는 약을 개발하면서 더는 잠들 필요가 없어진 사람들은 매일 밤 눈부신 야경을 즐깁니다.

만세   나왔다, 차박!

별이   역시 박사님!

얼마 전 신종 뇌염이 누군가에게 발병했다는 소식이 들려왔지만, 사람들은 크게 걱정하지 않습니다. 과거 불치병이 그랬듯이 앞으로 정복되리라고 믿기 때문이죠.

별이   차 박사님, 한 번 더 부탁해요.

22번   한 번 더, 한 번 더.

수명이 130살로 늘어난 한국인은 평균 24.5명과 연애하고, 평균 3.8대의 제트기를 소유하고 있으며, 영원히 사는 것이 꿈입니다.

만세   와.

미래쌤   소감을 들어볼까요?

별이 이 미래는 굉장히 화려하고, 재미있을 것 같기도 한데요……, 걱정도 돼요.

미래쌤 뭐가 걱정되나요?

별이 능력이 중요하다고 말하는데, 제가 경쟁에서 이길 수 있을까 하는 걱정이요.

유준 1등의 고민도 느껴졌어.

만세 저는 24.5명과 연애하는 부분이 인상 깊었습니다.

별이 실은 나도.

만세 헐.

22번 나도.

유준 물론.

미래쌤 이 미래는 1등의 자리에서 더 따라 할 역할 모델이 없을 때 '어디로 가야 할까?'를 고민하는 사회예요. 탐험가가 새로운 길을 찾는 것처럼 모험심이 강한 사회죠. 그만큼 자신감도 넘치고요. 경쟁에서 이긴 1퍼센트의 엘리트가 주도하므로 따라가지 못하는 사람이 생길 수 있지만, 앞서 말했듯이 굶어 죽는 사람은 없어요.

유준 과학기술이 어디까지 발달할지 궁금해요.

별이 걱정 안 돼?

유준 뭐가?

별이 항상 더 나아져야 하는 거. 성장해야 하는 부담감.

만세	키를 말하는 거라면 나는 더 클 것임.
22번	힘내라, 강만세. 작은 거인이라는 말도 있잖아.
만세	뭐야. 기분 나쁘게.
미래쌤	다양한 토론이 오가는 걸 보니 이번 수업이 효과가 있는 것 같네요. 다음 시간에도 잘 부탁해요.
만세	쌤, 은근 빠져들어요. 상상 미래 여행.
미래쌤	하하. 다음 시간에도 새로운 미래로 떠나 봐요.
유준	누구나 편리한 걸 좋아하잖아.
별이	편리하다고 꼭 행복할까?
만세	쌤, 저 혼자라도 인사드릴게요. 안녕히 가세요.
22번	(꾸벅)
미래쌤	다음 시간에 만나요. 안녕!

함께하는 미래 수업 ▶▶

미래퀴즈: 한국의 '여권 파워 순위'는 몇 위일까요?

국경을 넘기 위해서는 필요한 것이 있죠? 바로 여권입니다. 그런데 이 여권에도 '파워 순위'가 있다는 것을 아시나요? 여권 정보 사이트 패스포트인덱스(www. passportindex.org)에서는 매년 '세계 여권 파워 순위Global Passport Power Rank'를 발표합니다. 그 나라의 여권으로 비자 없이 갈 수 있는 나라 수, 비자를 바로 발급받을 수 있는 나라 수를 기준으로 순위를 내죠. '여권 파워 순위'가 높을수록 쉽고 간편하게 외국에 나갈 수 있다는 의미가 됩니다.

중단 없는 성장 사회는 경제적으로 부유하고, 경쟁력 있는 인재가 많고, 그만큼 세계적으로도 영향력이 있는 사회입니다. 이 사회의 시민들은 세계 모든 곳을 손쉽게 갈 수 있겠죠. 국가의 영향력이 높을수록 이동의 제약이 줄어들 테니까요. '여권 파워 순위'는 중단 없는 성장 사회의 특징이 담긴 지표라고 할 수 있어요.

2017년 기준 '여권 파워 순위' 1위는 싱가포르입니다. 비자 없이 갈 수 있는 나라가 159개국이죠. 반편 최하위는 아프가니스탄으로 22개국을 갈 수 있습니다.

여권이 해외여행의 필수품이 된 것은 제1차 세계대전 이후입니다. 우리나라는 1949년에 처음으로 여권 발급 업무를 시작했죠. 그렇다면 우리나라의 '여권 파워 순위'는 몇 위일까요?

정답: 3위

2017 세계 여권 파워 순위

1위 싱가포르(159개국)

2위 독일(158개국)

3위 대한민국, 스웨덴(157개국)

4위 덴마크, 핀란드, 이탈리아, 스페인, 노르웨이, 일본, 영국(156개국)

5위 룩셈부르크, 프랑스, 스위스, 네덜란드, 벨기에, 오스트리아, 포르투갈

　　　(155개국)

2017년 세계 여권 파워 순위에서 한국은 3위를 차지했습니다. 스웨덴과 더불어 157개국을 비자 없이 갈 수 있는 나라죠. 1년 간 세계여행을 떠났던 우리나라 청년이 대부분 나라에 손쉽게 들어갈 수 있었다며 우리나라 여권의 힘을 실감했다는 인터뷰를 했는데요. 이를 통해 한국의 국가 위상과 신뢰도를 짐작할 수 있습니다.

　　중단 없는 성장 미래에서 국경은 어떤 의미일까요? 여권은 계속 있을까요?

더 알아보기

빈곤도 기술 발달로 해결한다고?

'네 가지 미래'라는 개념은 이 책에서 소개하는 여러 가지 중에서 가장 독특한 내용처럼 보입니다. 왜 미래를 네 가지 종류로 나누어서 설명하는 걸까요? 왜 하필이면 그 네 가지 미래가 성장, 붕괴, 보존, 변형인 걸까요?

네 가지 대안 미래는 미국의 미래학자 짐 데이터 교수가 처음 생각해낸 이론입니다. 앞서 미래학이란 사람들이 품은 미래에 대한 이미지를 연구하는 학문이라고 말씀드렸죠? 데이터 교수는 사람들에게 있는 온갖 다양한 미래에 대한 이미지를 모아서 정리해보았습니다. 여기에는 각종 연구 자료, 설문조사뿐만 아니라 신문, 잡지, 소설, 영화, 텔레비전 드라마, 각국의 신화, 사람들 사이의 잡담 등이 있었죠.

데이터 교수는 이 정보의 분석을 통해서 사람들이 생각하는 미래의 이미지를 대표적인 몇 가지 유형으로 정리할 수 있었습니다. 데이터 교수는 미래를 어떻게 상상해도 크게는 결국 이 네 가지 미래의 범주 안에 든다고 생각합니다. 바꾸어 말하면 이 네 가지 종류의 미래를 생각해보기만 하면 우리가 상상할 수 있는 모든 종류의 미래를 상상해본 셈이 되는 것입니다.

'네 가지 미래' 중 첫 번째로 소개할 미래는 '성장의 미래'입니다. 과거부터 현재까지 인류는 인구, 경제력, 과학기술 수준 등 눈에 보이는 모든 분야에서 끊임없이 성장해왔습니다. 앞으로도 이처럼 성장이 계속될 경우 우리가 맞이하게 될 미래가 바로 '성장의 미래'입니다.

성장의 미래가 도래할 것이라 주장하는 사람들은 지금까지 그랬던 것처럼 인류는 앞으로 다가올 많은 문제도 과학기술의 힘으로 해결하며 끊임없이 성장할 수 있을 것으로 생각하고 있습니다. 이런 주장을 하는 대표적인 사람이 피터 디아만디스Peter Diamandis입니다. 그는 다양한 방면에서 활동하는 미래학자이자 기업가입니다.

피터 디아만디스는 스티븐 코틀러Steven Kotler와 함께 저술한 『어번던스』라는 책에서 풍요로운 인류의 미래를 예측합니다. "인류는 기술의 발전으로 가장 가난한 삶의 수준조차 급격히 향상된 시대로 접어들어서 한 세대 안에 과거 부유한 사람만이 누릴 수 있었던 물건과 서비스를 누구나 누릴 수 있게 되리라."라고 예측하였습니다. 인류의 진보는 기술뿐만 아니라 다양한 영역에서 진행 중으로 에너지, 교육, 의료, 정보통신 기술 등에서 발생하는 진보의 시너지효과가 풍요로운 새 시대의 밑바탕이 되리라고 보았습니다.

디아만디스는 오렌지를 따서 먹는 비유를 예로 들면서 당면한 어려움은 기술 발달로 모두 해결되리라고 봅니다. 열매가 주렁주렁 달린 엄청나게 큰 오렌지 나무를 상상해봅시다. 낮은 가지에 있는 오렌지를 전부 따고 나면 더는 오렌지를 따기 어려워져서 오렌지가

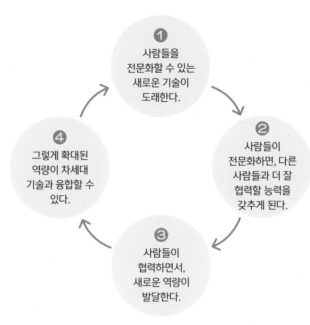

피터 디아만디스가 생각하는 인류 진화의 선순환 고리

귀해집니다. 하지만 누군가 사다리라고 불리는 기술을 고안하면, 그때까지 딸 수 없었던 높은 가지의 오렌지도 수확할 수 있게 되어 오렌지 부족 문제가 해결됩니다. 디아만디스는 지구 표면에 쏟아지는, 우리가 1년 동안 사용하는 양의 5000배가 넘는 태양에너지를 오렌지 나무로 보았습니다. 디아만디스의 예측은 일부 현실이 되었습니다. 기술 발달로 기존의 기술로는 추출하기 어려웠던 셰일가스, 셰일석유를 채굴할 수 있게 되면서 유가가 하락하고 석유가 수십 년 내 고갈되리라는 이야기가 사라졌습니다.

디아만디스는 목표가 확실하고 측정할 수 있을 때는 상금을 건 경쟁이 세계에서 가장 똑똑한 사람들을 유혹하는 입증된 방식이라고 생각하며 경쟁을 긍정적인 시각으로 바라봅니다. 이러한 경쟁을 통해 세상을 빠르게 변화시킬 수 있다고 생각합니다.

이러한 미래가 다가온다면 여러분의 삶은 어떻게 변화할까요? 책의 제목처럼 여러분은 '풍요'를 누릴 수 있을까요? 어쩌면 지나친 경쟁 때문에 지금보다 팍팍한 삶을 살게 되는 건 아닐까요?

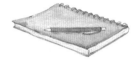

모든 것이 망했다고?
다시 시작하면 돼

생명이 있는 한 희망은 있다.

– 세르반테스

별이   애들아, 이것 좀 봐!

유준   민들레네?

별이   창틀 사이에 피었어.

만세   난 또 뭐라고.

별이   신기하지 않아? 이 틈에 뿌리를 내리다니.

유준   민들레는 흙만 있으면 어디서나 잘 자라니까 이론적으로는 문제없지. 씨앗에는 관모가 있어서 높이 날아올라 멀리까지 갈 수 있으니까.

22번   오호.

만세   차박의 민들레 상식.

별이   민들레야, 미안.

(미래쌤이 등장한다.)

미래쌤   안녕하세요.

유준   쌤, 안녕하세요.

미래쌤   다들 뭘 보고 있었나요?

유준   창틀 틈에 민들레가 피어서 보고 있었어요.

별이   얼마 전까지만 해도 먼지밖에 없었는데 신기해요.

유준   (안경을 올리며) 민들레는 강하니까.

만세   잡초 같다.

별이   이렇게 예쁜데 잡초라고?

미래쌤   미국 시인 에머슨은 잡초를 두고 "그 가치가 아직 발견되지 않
은 식물들."이라고 말하기도 했죠. 잡초의 강한 생명력과 무
궁무진한 가능성을 본 거죠. 창틀 틈에서 자란 민들레도 여러
분을 깜짝 놀라게 했네요.

별이   더 정감 가네, 민들레.

미래쌤　오늘 우리가 배울 두 번째 미래와도 관련이 있을 것 같아요.

유준　두 번째면 붕괴 미래 아닌가요?

미래쌤　맞아요. 시작점보다 끝이 더 밑으로 내려갔던 붕괴 미래죠.

별이　모든 게 끝나는 미래 아니었나요? 말 그대로 멸망.

미래쌤　그렇습니다. 그런데 붕괴 미래에는 새로운 시작이라는 별명도 있어요.

만세　멸망과 시작? 둘은 되게 달라 보이는데.

미래쌤　두 가지가 어떻게 어울리는지, 붕괴 미래와 관련 있는 키워드로 먼저 만나볼까요.

생존	리셋(reset, 초기화)	멸종	느림	출발
물물교환	자연재해	적정기술	소규모 공동체	귀농
전쟁	자원 고갈	경고	여유	정신적 행복

미래쌤 지난 시간처럼 마음에 드는 키워드를 골라보세요.

만세 저는…… 전쟁이요!

유준 저는 리셋.

별이 저는 정신적 행복이요.

미래쌤 좋습니다. 붕괴 사회와 어떻게 관련지었는지도 발표해볼게요.

만세 저요!

별이 강만세가 이렇게 적극적이라니.

만세 아무래도 미래 수업 체질인 듯. 히히.

22번 픽.

만세 뭐냐, 그 웃음은.

미래쌤 만세는 전쟁을 골랐죠?

만세 네, 쌤. 붕괴하면 딱 떠오르는 게 전쟁이잖아요. 사회가 혼란
스럽고, 사람도 죽고, 건물도 부서지고요. 붕괴라고 하자마
자 전쟁이 딱 눈에 들어왔어요.

미래쌤 만세 말처럼 한 사회를 붕괴로 이끄는 데 전쟁도 결정적인 요
소입니다. 알베르트 아인슈타인은 "제3차 세계대전에서 어떤
무기가 쓰일지는 모르겠지만, 제4차 세계대전에서는 돌과 나
무 막대가 쓰일 것"이라고 말하기도 했죠.

별이 돌과 막대기요?

만세 핵무기도 만드는 세상에서 웬 돌과 막대기?

유준 아.

130

만세   아?

22번   응.

만세   응?

유준   제3차 세계대전에서 모든 게 파괴되면 미래에는 아무것도 없을 거라는 뜻 같은데.

별이   아! 그래서 제4차 세계대전을 하면⋯⋯.

만세   원시인처럼 싸우는 거군!

미래쌤 맞습니다. 핵무기를 만드는 데 결정적 역할을 한 아인슈타인이지만, 그만큼 핵전쟁으로 말미암은 인류의 멸망을 우려한 거죠.

유준   하긴 모든 게 붕괴하면 다시 시작해야 하니까. 붕괴한 다음에 다시 과거로 가서 고쳐 놓을 수도 없잖아.

별이   과거를 잘못 바꿨다가 우리까지 사라질 수도 있고.

22번   그래서 시간 탐험대가 있는 거라고. 조심하지 않으면 시간이 엉켜버릴 수도 있으니까.

별이   쌤, 저는 정신적 행복이라는 말을 골랐는데 붕괴와 행복은 너무 안 어울려요.

미래쌤 미래에는 사람마다 행복을 추구하는 방법도 다 달라요. 붕괴 미래는 물질보다는 정신적인 부분에서 행복을 추구하죠. 사실 물질적인 행복을 추구하고 싶어도 여건이 되지 않고요.

유준   쌤, 저는 리셋을 골랐는데요.

미래쌤　조금 전 붕괴 미래의 또 다른 이름이 뭐라고 했죠?

별이　새로운…….

유준　시작?

미래쌤　맞습니다. 붕괴는 현재 누리는 것을 포기해야 하는 고통이 따르지만, 반면에 새롭게 시작할 수 있는 계기가 되기도 해요. 여러분, 게임을 하다가 뜻대로 안 되면 어떻게 하나요? 다시 처음부터 시작할 때가 있지 않나요?

만세　있어요, 있어요. 하다가 망하면 다시 시작할 수밖에 없어요.

미래쌤　붕괴 미래는 게임에서의 리셋과 비슷하다고 볼 수 있어요. 다시 처음으로 돌아가서 새로운 희망을 찾아보는 거죠.

별이　아! 출발 키워드도 이제 보이네.

만세　'이생망'인 사람들한테는 좋겠군.

22번　이생망?

만세　이번 생은 망했어.

별이　먼저 가.

유준　난 틀렸어.

22번　(시계를 보며) 나 진짜 먼저 가야 할 듯.

미래쌤　다양한 미래를 상상한다는 건 현재를 되돌아보는 일이기도 해요. 붕괴 미래 역시 현재를 새롭게 볼 계기가 되죠. 무조건 나쁘기만 하거나 무조건 좋기만 한 미래 사회는 없답니다. 왜 붕괴하였을까? 붕괴 후 인류는 어떻게 희망을 찾을까? 이같이 고민해볼 수 있는 거죠.

별이　조금 알 것 같아요.

만세　정말?

별이　조금.

미래쌤　좋습니다. 그럼 이제 100년 후 붕괴 미래 시나리오를 읽어볼까요.

인ㅅ의 마을

22세기를 화려하게 맞이하려 했던 인류의 꿈은 허무하게 무너지고 말았습니다. 작은 섬들로부터 비롯한 경고를 무시했던 결과였죠. 투발루, 몰디브가 물에 잠겼을 때까지만 해도 인류는 인공 섬 기술로 지구에 일어난 변화를 극복할 수 있으리라 믿었습니다. 경제성장을 향한 목표는 꺾이지 않았고, 2045년 한국은 여러 우려에도 불구하고 원자력발전소를 꾸준히 가동했습니다. 풍부한 에너지는 한국 경제성장의 원동력이 되었지요.

만세　시작은 좋은데?

유준　원래 공포 영화도 즐겁게 시작하잖아.

남극의 거대 빙붕(ice shelf, 氷棚)이 분리되자 상황은 바뀌었습니다.

서울 면적의 20배나 되는 빙붕이 예상보다 30년 먼저 분리되면서 해수면 상승과 쓰나미, 지진이 동시에 일어났지요. 순식간에 남극 지형이 바뀌었고, 삼면이 바다로 둘러싸인 한국 역시 국토의 5분의 1이 물에 잠겼습니다.

만세 **쓰나미에 지진까지!**

별이 **덜덜.**

초고층 빌딩이 많은 서울은 지진 피해도 컸어요. 사람들은 안전한 곳을 찾아 이동하려 했지만, 어디로 가야 할지 알 수 없었고, 전문가들 역시 의견이 분분했습니다. 보급품은 턱없이 부족했고, 중앙정부는 신뢰를 잃어갔습니다. 한 달 후, 겨울이 시작될 무렵 전국의 발전소는 가동을 멈추었지요. 그 후로 3년간 한국 최악의 재난으로 기록될 '어두운 고난의 밤'이 시작됩니다.

별이 **생각만 해도 춥다.**

22번 **어고밤, 덜덜.**

만세 **줄임말은 내 건데.**

별이는 50여 년 전 고난의 밤을 겪었던 할머니의 이야기를 수십 번도 넘게 들었지만, 들어도 들어도 질리지 않았어요. 200층이 넘는 빌딩이 나무처럼 빽빽했던 거대 도시와 24시간 내내 번쩍이던 불빛, 하루 아침에 멈춰버린 100년 전 도시를 상상하면 까마득한 기분이 들었거든요. 이야기를 듣다 보면 작긴 하지만 언제든 켤 수 있는 촛불이 고맙게 느껴지기도 했죠.

유준　촛불이라니. 오 마이 갓.

별이　의외로 매일매일 생일 기분?

만세　김별이, 벌써 붕괴에 적응한 거냐.

2117년 현재, 한국은 모든 것이 달라졌어요. 서울은 이제 사람이 살지 않지요. 전기를 사용할 수 없게 되자 화려하고 편리했던 도시는 오염된 폐허로 전락했어요. 고난의 밤을 겪는 동안, 도시 사람들은 흙이 있는 땅을 찾아 떠났습니다. 스스로 먹을 것을 만들어내야 했거든요. 별이의 할머니도 한 마을에 정착했지요. 컴퓨터 프로그래머였던 할머니는 농사에 대해서 아는 것이 아무것도 없었어요. 그런 할머니에게 농사짓는 법을 알려준 사람이 할아버지였습니다. 두 사람은 지진으로 부모를 잃었다는 공통점이 있었습니다. 어머니가 태어나고 별이가 태어나는 동안, 할머니는 농사와 가축 돌보기, 집 짓기와 목각인형 만들기까지 손으로 하는 것은 무엇이든 뚝딱뚝딱 해내게 되었습니다.

| 별이 | 나 태어났다! |
| 만세 | 웰컴 투 붕괴 미래. |

별이는 요즘 할머니에게 약초에 대해 배우고 있습니다. 열을 떨어뜨릴 때 좋은 약초, 몸을 따뜻하게 해주는 약초를 구분하고 있지요. 오늘은 지혜 나무 밑에서 유준이와 만세를 만나기로 했습니다. 세 사람은 오거리 장터에 내놓을 곶감을 손질합니다. 인마을의 특산품을 이웃 마을의 소금과 물물교환해야 하기 때문이죠. 시·도·구 같은 100년 전 행정구역은 무의미해졌고, 이제는 수백 개의 소규모 공동체가 마을 단위로 살아갑니다.

유준	지혜 나무는 뭐지?
별이	공부는 안 하나 봐.
만세	이 미래 좀 마음에 들려고 해.

잠시 일손을 멈춘 세 사람은 흘러가는 구름을 바라보며 시를 짓기도 합니다. 인마을 아이들은 시옷으로 시작하는 시 짓기를 즐겨 하죠. 사람 인ㅅ 자를 닮은 시옷으로 시를 짓는 것은 한 사람 한 사람의 가치를 소중하게 여기자는 의미입니다. 고난의 밤에 인구의 절반을 잃은 아픔을 되새기고, 같은 실수를 하지 않으려는 것입니다. "숲에서 들려오는 소리를, 밤이 되어서야 들었네. 소곤대는 나뭇잎의 숨소리."

별이가 먼저 시작합니다. "사막에 핀 잡초에 이름을 짓다." 유준이가 잇습니다. "소소하게, 수수하게, 다시 시작." 만세가 마무리합니다.

별이	시옷으로 시 짓기 재밌겠다!
22번	시옷 좋아.
별이	그게 끝?
만세	숙제하지 말고 잠이나 자자.
유준	숙제하고 자자.
별이	속 터진다, 만두처럼. 니들 때문에.

내일부터 시작되는 '가울' 기간을 준비하고자 세 사람은 일찍 집으로 돌아갑니다. 가울은 가을과 겨울 사이를 뜻하는 말로 2주 동안 하루에 한 끼만 먹는 연습을 하는 것이죠. 겨울에 식량이 부족해질 때를 대비하여 마을 전체가 참여합니다.

별이	잠은 실컷 잘 수 있겠네.
만세	숙제하지 말고 잠이나 자자.

인마을 사람들의 가장 큰 소망은 겨울을 무사히 나는 것입니다. 작년에는 눈사태로 목숨을 잃은 사람이 두 명이나 있었거든요. 별이, 만세, 유준이는 겨울이 지난 후 하고 싶은 것들을 이야기합니다. 누구

도 죽거나 다치지 않고 봄을 맞이하면, 한 번도 가보지 못한 도시에 함께 가보자고 약속합니다. 천천히 눈이 오기 시작하네요.

별이   쌤, 100년 후 맞아요?

유준   너무 옛날 느낌 나는데.

미래쌤 붕괴는 말 그대로 지금 있는 것들이 무너지고 깨져서 처음부터 다시 시작하는 것이니까 과거처럼 보이기도 하죠.

만세   근데 쌤, 저는 이 미래 맘에 들어요.

미래쌤 뭐가 제일 마음에 드나요?

만세   공부하라는 사람이 없잖아요.

유준   학교 자체가 없어 보여.

미래쌤 이 미래의 청소년은 현재 학교에서 배우는 교과목과는 다른 것들을 배우겠죠.

별이   농사법.

만세   동식물에 관한 지식?

유준   책보다는 체험 수업.

미래쌤 사회에 따라 사람들에게 요구하는 능력도 다를 거예요. 예를 들어볼까요. 중단 없는 성장 사회의 기업가들은 이 사회에서 어떤 역할을 할까요?

별이   할 일이 있을까요?

유준   물물교환을 하는 미래니까.

만세 이제 양복 벗고 같이 농사지어야죠. 같이 새참도 먹고.

유준 근데 물물교환도 흥정은 필요하니까, 기업가의 센스를 발휘할 수도?

별이 기업가라기보다는 보따리장수 느낌.

미래쌤 맞아요. 상황이 달라지긴 했지만 주어진 환경에 적응해서 새로운 시도를 해볼 수도 있을 거예요. 뇌의 휴식은 창의력에 꼭 필요하다고 해요. 때로는 마음껏 게을러야 한다는 뜻이죠. 중단 없는 성장 사회에서 바쁘던 사람들도 붕괴 미래에서 느리게 지내다 보면 자신의 새로운 재능을 스스로 발견할 수 있을지도 몰라요.

만세 앗, 차박, 미간 주름. 할배 차박 나왔다.

유준 쌤, 붕괴 미래에서도 의사가 필요할까요?

미래쌤 붕괴 미래에서 의사는 중단 없는 성장 사회의 의사와는 분명 다를 거예요. 과학기술의 혜택을 받을 수 없는 사회의 의사, 어떤 모습일까요?

유준 의대를 안 가고 의사가 될 수 있을까? 면허는 어떻게 따지?

별이 …… 허준?

만세 그러게. 붕괴 미래 의사는 허준이네. 차박, 걱정하지 마. 『동의보감』이 있잖아.

유준 한자를 공부해야 하나.

22번 (노란색 사탕을 내밀며) 차박, 이거 먹고 힘내.

유준   사탕 먹을 기분 아닌데. (사탕을 입에 넣고) 응? 이게 무슨 맛이야?

22번   100억 살 먹은 별빛으로 만든 사탕.

만세   딱 봐도 레몬 맛인데, 뭐.

유준   아냐. 입 안이 환해지는 느낌이 들어. 머릿속도 맑아지고. 코
      도 뻥 뚫리고. 달콤한데 그보다는 마음이 편안해지고 좀 졸린
      다고 해야 하나.

별이   차박, 미간 주름 다 펴졌다.

만세   어쩐지 좀…… 행복해 보이기도 하고, 바보 같아 보이기도 하고.

22번   별빛 파워 멍 사탕.

별이   멍 사탕?

유준   구름이 이렇게 재미있는 거였나.

미래쌤 중단 없는 성장 사회와 붕괴 미래, 둘 다 미래이긴 한데 굉장
      히 다르죠?

별이   정말 달라요, 쌤. 둘 중 어느 미래가 올까요?

미래쌤 앞으로 여러분에게 소개해줄 미래는 아직 두 개 더 남았어요.
      네 가지 미래를 다 만나보고 다시 토론해보죠.

유준   붕괴 미래의 의사라…….

미래쌤 여러분, 그럼 다음 시간에 만나요.

별이   네, 쌤. 안녕히 가세요.

만세   안녕히 가세요!

함께하는 미래 수업 ▶▶

미래퀴즈: 멍 때리기 대회에서 1등을 하려면?

2014년부터 열리고 있는 '멍 때리기 대회'를 아시나요? '멍 때리기'란 아무 생각 없이 멍하니 있는 것을 말하는데요, 뇌과학자들은 멍 때리기를 창의력을 키우는 데 반드시 필요한 요소라고 말합니다. 업무를 보거나 스마트폰을 할 때는 순간적인 정보를 관장하는 뇌가 활성화하는 반면, 아무것도 하지 않고 뇌를 쉬게 할 때는 창의력을 관장하는 부위와 미래를 기획하는 부위가 활성화한다고 해요.

멍 때리기의 중요성이 밝혀졌기 때문인지 '멍 때리기 대회'라는 것도 생겨났습니다. 참가자들은 세 시간 정도 멍 때리며 시간을 보내는데, 휴대폰 사용은 물론 잡담, 웃음, 독서, 춤추기, 노래 부르기, 시간 확인, 졸기, 잠자기, 주최 측이 준비한 음료 외의 다른 음식물 섭취 등이 금지됩니다.

붕괴와 새로운 시작 사회에서 시간은 지금과 다르게 흘러갈 것입니다. 현재 누리는 문명의 편리함이 사라지고 나면 느리고, 불편하고, 어딘가 비어있는 듯한 삶이 펼쳐질 수도 있겠죠. 이때 인류는 많은 시간을 멍 때리며 보내야 할 수도 있을 거예요. 이 미래의 사람들에게는 적어도 한두 가지 정도의 예술적 재능이 있을지도 몰라요. 멍 때리기로 키운 창의력과 넉넉한 시간은 예술을 하기에 적절한 조건이 아닐까요?

멍 때리기에 대한 관심은 우리나라에만 있는 건 아닙니다. 서울광장에서 열린 제1회 대회를 시작으로 전국 곳곳에서 열리고 있을 뿐 아니라, 중국 베이징과 네덜란드 로테르담에서도 열렸다고 하네요.

그렇다면 멍 때리기 1등은 어떻게 뽑을까요? 2가지 점수를 합산한다고 하는데요, 참가자들의 이것과 현장 투표로 결정된다고 하네요. 15분마다 재는 참가자의 이것은 무엇일까요?

정답: 심박수

정답은 심박수입니다. 멍 때리기 대회에서 1등을 하기 위해서는 심박수를 안정적으로 유지하는 것이 중요하다고 해요. 진행 요원들은 15분마다 참가자 검지에 기구를 갖다 대 심박수를 재고, 관객 투표에서 표를 많이 받은 사람 중에서 가장 안정적인 심박 그래프를 보인 참가자가 1~3등이 됩니다.

붕괴와 새로운 시작 미래에서 멍 때리기는 모든 사람이 매일 하는 일상이 될 수도 있을 거예요. 게임을 하거나 영화관에 가거나 쇼핑을 하며 노는 것이 아니라, 멍 때리기를 하며 스트레스를 풀고 에너지를 충전하는 거죠.

각 나라에서 열리는 대회와 축제를 보면 그 나라의 독특한 문화를 느낄 수 있습니다. 미래에도 재미있는 대회들이 생겨나겠죠. 멍 때리기 대회 외에 또 어떤 대회들이 생길까요?

더 알아보기

끝이 아닌 새로운 시작을 꿈꾸다

역사를 돌이켜볼 때 인류 문명을 한 줄의 선으로 나타내본다면 마치 주가 그래프처럼 들쭉날쭉하기는 하지만 분명한 우상향의 선을 그릴 것입니다. 오늘날처럼 고도로 발달하고 문명화한 사회가 이스터섬이나 고대 마야문명처럼 한순간에 그래프의 바닥으로 곤두박질치는 '붕괴'의 모습을 상상하기는 쉽지 않습니다.

하지만 상상하기 쉽지 않은 일도 미약하나마 일어날 가능성은 존재합니다. 2011년 일본 동부에서 지진과 쓰나미로 말미암아 발생한 후쿠시마 원전 사고는 그 지역 일대를 완전히 무너뜨렸습니다. 이러한 사건이 전 지구적으로 일어난다면 그 영향은 상상을 초월할 것입니다. 그 외에도 어떠한 것들이 붕괴를 가져올 수 있을까요? 현재 생각해볼 수 있는 붕괴의 원인은 기후변화와 자연재해, 전쟁이나 신종 전염병 등입니다.

여러 학자 사이에서도 2000년대 초반부터 기후변화, 기술 실패 등으로 말미암은 문명의 붕괴를 경고하는 목소리가 계속 나오고 있습니다. 미국의 학자 재러드 다이아몬드Jared Diamond는 『문명의 붕괴』라는 책에서 환경 파괴, 기후변화, 이웃 나라와의 적대적 관계, 우방의 협력 감소, 사회 문제에 대한 구성원의 위기 대처 능력 저하 등의 다섯 가지 요인이 복합적으로 작용해서 한 사회나 문명이 붕괴한다고 보았습니다.

붕괴 미래를 생각할 때는 두 가지 측면에서 생각해봐야 합니다.

첫 번째는 붕괴하는 상황에 대비하고 그 상황이 도래했을 때 적응하고 생존할 방법을 생각해보는 것입니다. 예를 들어 우리나라 동남부 지역에는 많은 수의 원전이 있습니다. 물론 사고가 일어나지 않는 것이 가장 좋겠습니다만 만약 후쿠시마 원전 사고와 같은 상황이 발생한다면 그 영향과 피해가 얼마나 될지, 사고 이후에는 어떻게 대처해야 할지를 자세하게 연구해야만 할 필요가 있습니다.

두 번째는 현재 우리 사회를 지배하는 성장이라는 가치의 대안으로서 붕괴 미래의 의미를 생각해보는 것입니다. 2013년부터 3년간 과학기술정책연구원에서 실시한 바 있는 '한국인의 미래 인식 조사·연구'에서 한국인이 선호한 미래 1위가 붕괴 미래라는 점은 의미하는 바가 크다고 봅니다. 많은 흙수저 한국인이 모든 것을 무너뜨리고 새롭게 시작하고 싶다고 생각하는 것은 그리 놀라운 일이 아닙니다. 또, 한편으로는 문명사회의 편리함을 포기하는 대신 복잡한 세상과 타인과의 경쟁에서 벗어나 자연과 함께 느긋하고 평화로운 삶을 추구하며 살고자 하는 사람들도 있습니다.

이처럼 붕괴 미래는 단순히 현재 문명의 소멸을 의미하는 것이 아니라 기존의 가치와 다른 가치를 찾아서 새롭게 시작하겠다는 의지가 담겨 있습니다. 그래서 단순한 '붕괴' 미래가 아니라 '붕괴 후 새롭게 시작하는' 미래라고 보는 것이 더 타당합니다.

사실 우리 사회는 이미 붕괴 미래를 겪은 바 있습니다. 바로 한 국전쟁이 그것입니다. 전후 한국 사회는 아무것도 없는, 그야말로 붕괴한 세상이었습니다. 1950년대의 한국 국민은 새롭게 시작하는 그 세상에서 성장이라는 가치를 새로운 미래의 가치로 선택했습니 다. 만약 붕괴 미래가 다시 도래한다면 여러분은 어떤 새로운 가치 를 미래의 가치로 선택하게 될까요?

도덕과 절제가 최고의 미덕인 군자의 나라

덕이 있는 자는 외롭지 않다.
반드시 이웃이 있는 법이다.
- 공자

별이 　안녕, 애들아!

만세 　풋. 김별이 오늘 옷차림이 왜 그래?

별이 　이거? 예쁘지 않아?

만세 　네, 할머니. 예쁘세요.

유준 　킥킥.

별이 　참나. 강만세, 빈티지 몰라?

만세 　빈티요?

유준 　킥킥.

별이 　너희가 패션을 몰라서 그래.

만세 　그게 패션이면 계속 모르고 싶다.

유준   키득키득.

별이   원래 유행은 돌고 도는 거야.

유준   근데 어디서 본 것 같긴 하다.

별이   이 스타일이 미래에 유행할지 어떻게 알아?

22번   아닐……걸.

만세, 유준   키드득키드득.

         (미래쌤이 등장한다.)

미래쌤   안녕하세요.

모두   쌤, 안녕하세요.

미래쌤   모두 잘 지냈나요?

만세   쌤, 저는 잘 지냈고요, 김별이는 못 오고 할머니가 대신 오셨
         어요.

별이   야.

미래쌤   무슨 말이죠?

별이   제가 오늘 입고 온 옷을 놀리는 거예요.

미래쌤   그러고 보니 못 보던 스웨터를 입고 왔네요.

별이   주말에 바자회에 가서 샀어요.

유준   아! 생각났다!

만세   뭐가?

유준   별이가 입은 빨간 스웨터.

별이   이게 왜?

유준 어디서 봤다 했더니만.

만세 봤다고?

유준 할머니.

별이 할머니?

유준 진짜 우리 할머니가 입으시던 건데.

별이 뭐라고?

유준 바자회용으로 내놓으셨거든.

만세 키득키득.

미래쌤 그럼 별이가 입고 있는 옷이 유준이 할머님이 입으시던 옷이 군요.

유준 킥킥.

별이 다들 너무 웃는 거 아냐? 근데 진짜 할머니 옷인 건 나도 충격.

미래쌤 그럼 어때요. 별이한테 잘 어울려요.

별이 휴.

미래쌤 바자회 이야기 더 듣고 싶은데, 옷 말고 또 산 것 있나요?

만세 돋보기 안경?

별이 (만세를 째려보며) 책이랑 신발이랑 모자요.

    제가 빈티지를 좀 좋아해요.

만세 빈티?

별이 재미없거든.

미래쌤 혹시 별이처럼 중고 물건을 사본 친구 있나요?

148

유준   저요. 저도 책은 헌책방에서 많이 사요.

만세   저는 없는 것 같아요. 아, 산 건 아니고 자전거는 친척 형 것 물려받았어요. 근데 브레이크가 고장 나서 크게 다칠 뻔했어요. 그 후로 중고는 별로 안 써요.

22번   탈것은 함부로 물려받지 마. 위험해.

만세   너도 자전거 물려받았냐?

22번   …….

미래쌤   다들 크고 작은 경험이 있군요. 그럼 오늘 배울 보존 미래를 이해하기가 더 쉽겠는데요.

별이   미래가 중고랑 관련이 있어요?

만세   할머니 나오는 건가.

미래쌤   먼저 키워드로 만나볼까요?

미래 세대	공존	교육	솔선수범	환경오염
협동	첫째	도덕성	리더십	에너지 고갈
이웃사촌	아나바다	공동체	지속 가능	군자

미래쌤   이번에도 마음에 드는 걸 하나씩 골라서 이야기 나눠보겠습니다.

만세   아나바다요. 뭔지는 잘 모르겠지만.

유준   저는 리더십.

별이   저는 미래 세대요.

미래쌤 누가 먼저 발표해볼까요?

만세   저요!

미래쌤 만세는 아나바다를 골랐죠.

만세   네. 근데 아나바다가 뭐예요?

별이   모르면서 고른 거야?

만세   모르는 건 언제든 물어보라고 하셨잖아. 김별이 너도 모르지?

별이   음……, 아껴 쓰고, 나눠 쓰고……. '바'랑 '다'는 뭐였더라.

유준   나도 들어봤어. 아껴 쓰고, 나눠 쓰고, 바꿔 쓰고…….

만세   아하! 알겠다! 다는 다려 쓰고!

별이   다려 쓰고?

만세   종이 같은 거 구겨지면 다려서 쓰는 거지.

유준   아껴 쓰고, 나눠 쓰고, 바꿔 쓰고, 다려 쓰고.

별이   뭔가 좀 이상한데.

미래쌤 만세 아이디어가 재미있기는 한데, '다'는 '다려 쓰고'가 아니라 '다시 쓰고'입니다. 아나바다는 한국이 외환 위기를 겪었던 1998년에 나온 말이에요. 경제적으로 어려웠던 사회 분위기에서 생긴 신조어죠.

유준   보존 미래는 아나바다를 하는 사회인가요?

미래쌤 유준이가 잘 짚었어요. 보존이라는 말에서 알 수 있듯이 이 미래는 모든 것을 아끼고 보존하는 것이 목표이죠. 왜 그럴까요?

별이   뭔가 부족해서 그런 거 아닐까요? 저도 용돈 받으면 처음에는 먹고 싶은 거 다 사 먹다가 돈이 떨어지면 아끼기 시작하거든요.

만세   급하다고 돈 빌려 가더니 아이스크림 사 먹더라.

별이   진짜 급했어. 아이스크림 충전.

22번   달콤 충전 중요함.

유준   미래를 생각해서 보존하는 것 아닐까요?

만세   역시 차박.

별이   그래서 미래 세대가 키워드로 들어 있나?

미래쌤   맞아요. 보존 사회는 미래를 낙관하지 않아요. 특히 언젠가 에너지가 고갈될 상황을 대비하죠. 중단 없는 성장은 에너지가 풍요롭고, 붕괴와 새로운 시작은 에너지가 바닥났다면, 보존은 현재는 에너지가 있긴 하지만 언젠가 고갈될 상황을 예측하여 대비하는 미래입니다.

만세   재미없겠다.

미래쌤   이 미래는 사회적 합의, 약속이 중요해요. 모두에게 이익이 되는 중요한 목표를 위해 나아가야 하니까요.

유준   근데 약속이 잘 지켜질까요? 지금도 법이 있지만 사람들이 자주 어기잖아요.

미래쌤   좋은 질문이에요. 그래서 이 미래를 유지하려면 강력한 리더십이 필요합니다. 지도자가 이끄는 대로 사회 전체가 움직이는 거죠.

별이 쌤, 강력한 리더십이라고 하니까 생각나는 단어가 하나 있어요.

미래쌤 뭔가요?

별이 독주자요.

유준 독재자 아닌가.

별이 맞다, 독재자.

만세 어, 그건 나쁜 거 아냐?

별이 그러니까 보존 미래라고 하면 초록초록하고 파랑파랑한 미래
를 생각했는데 갑자기 암울.

미래쌤 여러분 말처럼 독재는 보존 사회에서 나타날 수 있는 부작용
이죠. 그러므로 지도자는 도덕적이어야 해요. 어질고, 덕이 많
고, 학식이 높은 사람이어야만 보존 미래의 지도자가 될 수 있
습니다.

만세 내가 나서야겠군.

별이 제발 참아줘.

22번 미래를 위해.

미래쌤 이제 100년 후 보존 미래 시나리오를 함께 읽어볼까요?

고요한 법치의 나라

2027년 한국은 전 세계에서 양극화가 가장 심한 나라가 되었습니다.

상위 5퍼센트가 전체 소득의 70퍼센트를 갖게 된 것이죠. 노숙 청년이 늘어난 것도 이 무렵부터입니다. 20대 청년들은 '우리는 미래를 안다.'라는 구호와 함께 앞으로는 나라를 위해 일하지 않고, 경제성장에 도움을 주지 않겠다고 선언합니다.

만세   **20대 노숙자?**

별이   **아무것도 안 하기로 했대.**

자신을 비관적 예언자라고 명명한 노숙 청년은 500여 명에서 시작하여 1년 사이에 5000여 명으로 늘었고, 다시 1년 뒤에는 청소년과 중장년층까지 합류해 5만여 명이 되었습니다. 세대는 달랐지만 경쟁에서 밀려났다는 공통점으로 뭉친 이들은 전국적으로 확산하였죠. 이들은 '미(래를)안(다)족'으로 불리기 시작했고, 지지자는 미안족을 상징하는 '감은 눈' 깃발을 창문이나 베란다에 걸어두었습니다.

별이   **감은 눈은 무슨 뜻일까?**

만세   **잔다?**

유준   **보기 싫은 건가?**

별이   **미래를?**

2029년에는 초미세먼지 탓에 신종 호흡기 질환이 어린이들에게 발병합니다. 미세먼지로 폐교령이 내려진 2030년 봄, '우리는 미래를 안다.'라는 구호는 '우리는 미래를 바꾼다.'라는 구호로 바뀌기 시작했습니다. 시민은 에너지 보이콧을 선언했고, 자신을 미안족으로 자처한 이가 50만 명으로 급격히 증가했습니다. 경제성장을 통해 풍요를 누리기보다 다소 불편해도 안정적인 삶을 살고 싶다는 시민의 목소리는 대통령 선거를 맞아 절정에 이르렀지요. 2033년, 세 아이의 아버지이자 생태 변호사인 녹색당의 차유준 후보는 84.5퍼센트의 지지율로 대통령에 당선합니다.

만세 차박이 대통령에?

별이 지지율 대박.

유준 후훗.

대통령은 에너지과학부와 미래세대부를 신설하였고, 등수와 대입 시험을 폐지하는 한편 인성과 환경 보존을 중심으로 한 교육제도 개편을 실행했습니다. 쇼핑몰로 쓰이던 초고층 빌딩은 에너지 연구소로 바뀌었고, 화려하게 번쩍이던 유리 벽은 태양광을 빨아들이는 거대 모듈로 변했지요. 태양광 에너지 전문가 '해님'은 청소년에게 가장 인기 있는 직업이 되었어요.

별이 해님! 나 해님 할래.

154

만세   넌 별이잖아. 해님은 내가 하겠어.

별이   지난번엔 붕괴 미래가 좋다면서.

만세   남자의 마음은 갈대라지.

2117년, 한국은 세계에서 가장 청정한 나라이자 가장 여행하기 어려운 나라가 되었습니다. 한국이 법규가 까다롭기도 했지만 입국하려면 비싼 환경세를 내야 했기 때문이죠. 프랑스인 여행자 만세봉은 한국에 온 이유를 이렇게 말했어요. "말로만 듣던 고요한 밤을 느끼고 싶었어요. 오늘은 소금 없는 레스토랑에 가볼 거예요." 일본에서 온 벼리코는 "비자를 다섯 번이나 신청했는데, 드디어 붙었네요. 텅 빈 도로를 마음껏 달리는 자전거 여행이라니. 벌써 설레요."라고 말했고, 멕시코 연구자 이시비카를로스는 "한국은 옥수수처럼 햇빛을 재배한다죠. 대구의 200층 햇빛 연구소에서 해님 친구를 만나기로 했어요."라고 말했습니다.

유준   햇빛을 옥수수처럼 재배한대.

별이   세상에서 제일 맛있는 햇빛이다.

22번   햇빛 사탕도 맛있지.

만세   응?

한때 고요한 새벽의 나라였던 한국은 이제 고요한 법치의 나라로 통

156

합니다. 한 달에 자동차 사용 2회로 제한, 폭식을 막기 위한 소금양 제한, 운동에너지를 모아서 사용하는 포켓 에너지 의무제, 한 달에 한 번 있는 완전 정전의 날, 쓰레기통 없는 날, 아기와 노인을 대상으로 한 이웃 돌봄 할당제 등 규칙이 많습니다. 그러나 놀라울 정도로 잘 지켜지죠.

별이 　포켓 에너지?

만세 　포켓몬 같은 건가?

22번 　포켓 에너지란 걷거나 뛸 때 발생하는 운동에너지를 모아서 보관해주는 작은 상자 같은 거지.

유준 　꼭 써본 것처럼 말하네.

"잠시 빌려 쓰는 거니까요." 차유준 대통령의 손녀이자 현 대통령인 차미래 박사는 '우리 법의 날'을 맞아 이렇게 말했습니다. "다음 세대를 위해서라면 기쁘게 희생할 수 있습니다." 행사장 안에서 사람들이 환호하는 동안, 밖에서는 30여 명의 사람이 시위를 벌였습니다. 빠르게 살 권리, 낭비할 권리, 비효율적일 권리를 달라는 것이었죠. 그러나 언제나처럼 그들은 소수였고, 크게 주목받지 못했습니다.

별이 　대대손손 대통령이네.

유준 　궁금하다, 내 손녀.

22번	보러 갈까?
만세	응?

얼마 전 비무장지대DMZ에서 표범 한 마리가 발견되었습니다. 1970년 대 이후 한국에서 멸종했다고 알려진 표범이 150년 만에 다시 나타 난 것이죠. 남북 공동 연구단은 표범의 임신 가능성을 발표했습니다. 청소년들은 '표범에게 미래를'을 주제로 멸종 위기 동물을 위한 모금 행사를 열었지요. '우리는 미래를 안다.'에서 '우리는 미래를 바꾼다.' 로 이어졌던 구호는 이제 '우리는 미래를 선물한다.'로 바뀌어 전국 곳곳에 울려 퍼지고 있습니다.

별이	쌤, 보존 미래 사람들은 되게 부지런하네요.
유준	고요하다고는 하지만 진짜 할 게 많아 보이고요.
만세	규칙도 잘 지켜, 군인처럼.
미래쌤	보존 미래를 유지하려면 지켜야 할 약속이 많겠죠. 급격한 성장, 급격한 붕괴처럼 큰 변화가 일어나지는 않지만 현 상태를 유지하려 해도 큰 노력이 필요합니다.
별이	잘 정돈돼 있고 안정적으로 보이지만 한편으로는 안 좋기도 한 것 같아요.
미래쌤	왜 그렇죠?
별이	누구나 자기만의 개성이 있잖아요. 생각이 다를 수도 있고 불

만이 있을 수도 있는데, 보존 미래에서는 잘 들어주지 않을 것 같아요.

유준　시위하는 사람들 나오잖아. 낭비할 권리?

만세　절제와 개성을 동시에 추구하는 사람 여기 있잖아, 김별이. 할머니 스웨터를 보라고. 대물림을 통한 개성 추구.

유준　묘하게 미래인처럼 보이긴 하네.

별이　진짜 내 스타일이 유행하는 건가.

22번　(도리도리)

미래쌤　세 번째로 만나본 보존 미래는 어떤가요?

별이　해님이라는 직업이 기억에 남아요.

만세　너무 차분해서 저랑은 잘 안 맞을 것 같아요.

별이　근데 이 미래에서 살면 마음은 편할 것 같아. 꿈이 없어도, 규칙만 잘 지키면 걱정 없을 듯. 뭐라도 역할이 있겠지.

만세　너는 하라는 대로만 하는 애가 아니잖아.

별이　그건 그렇지.

유준　나도 할 일이 있을까?

별이　당연하지. 대통령으로 나오잖아.

만세　어디 보자. 소금 안 쓰는 레스토랑 요리사 어때? 의사 메스나 요리사 칼이나 비슷하잖아.

유준　요리? 한 번도 생각 안 해봤는데.

별이　나도 에너지 전문가는 생각 안 해본 직업이야.

미래쌤   여러분이 보존 미래에 푹 빠진 것 같네요.

별이   중단 없는 성장 사회나 붕괴 사회와는 달리 은근한 매력이
        있어요.

미래쌤   그렇죠? 자, 오늘까지 세 가지 미래를 만나봤고요, 다음 시간
        에는 마지막 미래를 배울 거예요. 마지막 미래도 기대해주세
        요. 안녕!

모두   안녕히 가세요!

함께하는 미래 수업 ▸▸

미래퀴즈: 2016년 한국에 새로 생긴 이 법은 무엇일까요?

세계에서 유일하게 여성 운전을 금지했던 사우디아라비아에서 2018년부터는 여성도 운전이 가능하게 되었습니다. 여성의 투표권도 2015년에야 보장된 만큼 사우디아라비아는 여성의 권리에 제약이 많은 나라였는데요, 조금씩이나마 변화가 일어나고 있습니다.

싱가포르에서는 1992년부터 껌 씹는 것이 불법입니다. 껌을 함부로 뱉는 사람들 때문에 거리가 지저분해진다는 게 이유인데, 껌뿐 아니라 쓰레기, 침 뱉기, 담배 피우기 등 공공장소를 더럽히는 것에 대해 매우 엄격한 법률이 제정되어 있어요. 껌을 씹기만 해도 우리 돈으로 80만 원 정도의 벌금을 물어야 하죠.

이탈리아에서는 매일 한 번 이상 반려견과 산책해야 하고, 독일에서는 매일 두 시간씩 반려견과 놀아주어야 합니다. 동물에게도 엄연히 누려야 할 권리가 있다고 생각하여 이를 법으로 보장한 것이죠. 우리나라도 2014년부터 반려동물등록제를 의무적으로 시행하고 있습니다. 생후 3개월 이상 된 반려견이 있다면 반드시 등록을 해야 합니다.

보존 사회도 사회적 안정과 유지를 위해 다양한 법이 시행되는 미래인데요, 이처럼 법을 보면 각 사회가 어떠한 특징이 있는지, 추구하는 가치가 무엇인지 알 수 있습니다.

사회가 변해감에 따라 법도 함께 변화하죠. 우리나라에 2016년 9월부터 새롭게 생긴 법이 있습니다. 공직자, 언론사, 교직원 등을 대상으로 하는 부정한 청탁을 막기 위해 만들어진 이 법의 별칭에는 사람의 이름이 들어가 있는데요, 무엇일까요?

정답: 김영란법(부정청탁 및 금품 등 수수의 금지에 관한 법률)

이 법은 발의자인 김영란 전 국민권익위원장의 이름을 따서 '김영란법'이라고 부릅니다. 부정 청탁을 막기 위해 만들어진 법이죠. 과거에는 교사에게 돈 봉투를 건네는 '촌지' 문화가 횡횡하기도 했지만, 김영란법 시행 이후에는 작은 선물도 금지되었죠. 공적인 관계에서 물질이 오가면 긍정적인 효과보다 부정적인 효과가 크다고 본 거예요.

법률의 변화는 세상의 변화에 큰 영향을 끼칩니다. 법률의 변화를 만드는 것은 사회의 인식과 분위기이고요. 개개인의 인식 변화가 사회를 변화시키고, 사회의 변화가 법의 변화를 이끌게 되죠. 이처럼 개개인의 노력과 정책적 변화가 함께 이루어질 때 다수가 원하는 긍정적 방향으로 사회는 변화합니다.

미래에는 어떤 법이 생겨날까요? 일본에는 매년 의무적으로 허리둘레를 재서 비만을 방지하는 법이 있다는데, 사회 전체를 건강하게 하기 위한 운동의무제 같은 법이 생기는 건 아닐까요? 내가 살고 싶은 미래에 생겨날 새로운 법을 상상해볼까요?

더 알아보기

환경과 미래 세대를 먼저 생각하는 사회

일찍이 18세기에 영국의 경제학자 맬서스는 『인구론』에서 인구의 증가로 말미암은 재앙을 경고한 바 있습니다. "인구는 기하급수적으로 매우 빠르게 증가하는데, 생산은 산술급수적으로 그보다는 느리게 증가한다."라고 한 것이지요. 하지만 산업혁명의 촉발로 맬서스의 주장은 맞아떨어지지 않았습니다. 인구와 생산이 모두 기하급수적으로 증가하고 삶의 질 또한 향상된 것이지요.

이후 1970년대에 이 주장은 다시 주목을 받게 됩니다. 세계대전 이후 베이비붐 세대의 인구 증가와 석유파동의 영향으로 식품 가격이 폭등했기 때문입니다. 1972년 유럽에 설립된 세계적 두뇌 집단think tank인 로마클럽The Club of Rome은 「성장의 한계」라는 보고서에서 제로[0] 성장의 실현을 주장하여 주목을 받았습니다. 자원이 한정된 상황에서 인구가 증가하면, 인류 문명의 성장은 한계를 맞고 결국 붕괴하므로 성장을 중지하고 지속 가능한 사회를 만드는 것이 중요하다는 것이지요. 이 보고서는 시스템 다이내믹스System Dynamics라는 방법을 이용하여 미래를 예측한 것으로도 유명합니다. 이는 세계와 같은 상호 연결된 복잡한 피드백 시스템feedback system을 관리하고 연구하고자 수학적 모델을 활용하는 기법입니다.

실제로 1970년대 캐나다에서는 국립과학위원회의 주도로 기존 소비 중심 사회의 대안으로 보존 사회를 실현하려는 프로젝트를 시도하기도 하였습니다. 하지만 1980년대 불어닥친 자유무역과 신자유주의의 광풍 탓에 이는 실패했습니다. 20세기 후반은 본격적인 성장의 시대였습니다. 유전공학과 IT 기술에 기반을 둔 농업 생산성 향상으로 식량 생산은 늘어나고 소비는 계속 증가했습니다.

하지만 「성장의 한계」로부터 수십 년이 흐른 지금 보존 사회는 다시 주목받게 됩니다. 세계 금융 시스템에 의해서 움직이던 세계경제는 2008년 세계 금융 위기로 붕괴했으며, 아직도 완전히 회복하지 못했습니다. 이는 자본주의 체제의 한계와 부작용을 돌아보게 했습니다. 또한 산업화로 말미암은 기후변화와 해수면 상승 같은 지구 온난화의 결과가 실제로 나타나면서 기존의 지속적인 경제성장과는 다른 대안 미래를 고민하게 됩니다.

이러한 새로운 시도가 이루어지는 지금은 18세기나 1970년대와는 아주 다릅니다. 사람들은 더 똑똑해졌고 소비사회의 대안을 찾으려는 사람들이 다양한 지속 가능 모델을 고민하고 있습니다. 생명공학, 통신기술 등의 과학기술 발달과 자연과 조화를 이루는 삶, 물질과 정신적 만족의 균형을 찾으려는 사람들의 움직임이 어우러져 그 실현 가능성이 어느 때보다 높습니다.

이러한 보존 사회가 실현된 미래는 어떤 모습일까요? 절제와 규율이 중시되고, 이를 위해서는 때때로 개인의 자유가 억제되기도 하는 사회일 것입니다. 개개인의 절약하는 소비 행태가 강조되고 재화의 종류에 따라서는 배급 시스템이 도입될 것입니다. 환경을 보존하고자 에너지의 소비는 최소화하고, 에너지 생산 방식을 환경에 끼치는 영향을 최소화하는 방법으로 바꿀 것입니다. 기술 분야에서는 에너지 생산이나 환경과 관련한 특정 기술이 매우 발달할 수 있겠네요. 경제는 현재의 사회주의경제 시스템의 장점을 활용할 것입니다. 이러한 사회에서는 정치 분야에서 강력한 리더십이 필요합니다. 한 명의 도덕적 지도자를 따라 모두 협력하는 정치 시스템이 필요할 것입니다. 이 사회의 지도자가 도덕적으로 타락한다면 이 미래 사회는 독재로 변질될 위험성이 있습니다.

로봇과 인간이
서로 사랑하는 사이가 된다고?

지구는 인류의 요람이다.
그러나 인류가 영원히 요람에 머물 순 없다.
— 콘스탄틴 치올콥스키

별이   강만세! 팔이 왜 그래?

유준   깁스한 거야?

만세   별거 아냐.

별이   진짜 깁스했네. 어쩌다 이랬어?

유준   석고 깁스면 심각한 건데. 부러진 거야?

만세   살짝 금 갔다는데, 괜찮아. 안 아파.

별이   어쩌다 다쳤어?

만세   걱정하지 마. 안 죽어. 지금 나 걱정하는 거?

별이   보편적 인류애 몰라? 홍익인간 정신.

유준   씻는 것도 불편하겠다.

만세   응, 그래서 안 씻고 있어.

별이   헐.

만세   지난 시간에 배웠잖아. 보존 미래. 물도 아끼고 그래야지. 다
       미래를 위해서라고.

22번   (회색 사탕을 내밀며) 이거 먹어봐.

만세   음, 이게 무슨 맛이지? 닭고기 맛? 사탕이 따끈따끈해. 인삼
       향기도 나고. 뭐지, 이 배부른 느낌은.

22번   백숙 사탕. 뼈에 좋아.

만세   헉.

       (미래쌤이 등장한다.)

미래쌤 여러분, 안녕하세요.

모두   안녕하세요!

미래쌤 반갑습니다. 앗, 만세가 팔을 다친 모양이네요. 괜찮나요?

만세   네, 쌤. 보통 애들이라면 좀 많이 아프고 그렇겠지만, 저는 괜
       찮습니다!

미래쌤 씩씩한 모습이 멋지긴 한데…….

만세   팔도 다친 김에 물 아끼기를 실천하고 있지요.

별이   환경만 생각하지 말고 우리도 좀!

22번   장어 사탕도 있어.

미래쌤 걱정할까 봐 밝게 이야기해주는 만세가 고맙네요. 잘 먹고,
       잘 자고, 다 나을 때까지 조심하고요. 수업 중에도 불편한 게

있으면 언제든 이야기해요.

만세   넵.

별이   쌤, 오늘은 뭐 배워요?

미래쌤   오늘은 드디어 네 가지 미래 중 마지막 미래를 배우는 날입니다.

유준   변형 미래요.

미래쌤   그래요. 여러분이 '중붕보변'으로 외웠던 마지막 미래, 변형 미래죠.

별이   쌤, 말이 좀 어려워요.

미래쌤   네, 변형이라는 말이 좀 낯설 거예요. 긴 설명보다 이 미래를 나타내는 키워드를 보는 편이 이해하기 쉽겠죠?

인공지능	우주	외계인	가상 세계	복제인간
로봇	새로운 인류	트랜스휴먼	신체 변형	화성
아바타	빅데이터	순간 이동	타임머신	나비

만세   오, 확실히 색다른데?

유준   여기는 인간 아닌 존재가 많네요.

미래쌤   유준이가 핵심을 잘 짚었어요. 변형 사회의 주인은 인간이 아니에요.

만세   우주 전쟁 나는 거예요? 외계인의 침공!

별이 어, 저기 외계인 키워드도 있어! 쌤, 정말 그런 거예요?

유준 인류가 있긴 있어. 새로운 인류?

미래쌤 그래요. 이 미래에서 인류는 현재의 인간과는 다릅니다. 몸도, 능력도, 생각하는 방식도 다 다를 거예요. 마지막 키워드가 나비인데요, 번데기에서 나비로 변하는 것처럼 인간이 극적인 변화를 겪게 되는 것을 의미해요. 새로운 인류로 재탄생하는 거죠.

유준 예를 들면요?

미래쌤 예를 들면, 이 미래의 인간은 기계와 결합할 수 있어요. 팔, 다리를 비롯한 신체 모든 부분을 기계로 대체할 수 있는 거죠. 몸뿐만 아니라 지적인 능력도 지금과는 비교가 안 될 정도로 향상될 거고요. 뇌 용량을 늘릴 수도 있고, 뇌 일부를 다운로드해놓을 수도 있는 미래예요.

만세 진짜 인간 맞아요?

미래쌤 이 미래에서 인간과 기계의 경계는 뚜렷하지 않아요.

유준 근데요, 쌤, 인간이 기계와 결합할 때 기계가 차지하는 부분이 50퍼센트를 넘어가면 과연 인간이라고 부를 수 있을까요?

별이 인봇? 혹은 로인?

미래쌤 별이 말대로 인간과 닮은 로봇, 로봇과 닮은 인간이 더 많아질 거예요. 한국에서 유명한 인공지능 로봇은 여러분도 잘 알고 있죠? 바둑 두는 인공지능.

유준　알파…….

만세　알파로!

유준　알파로?

별이　알파고!

만세　맞다, 고.

미래쌤　네. 알파고는 한국의 이세돌과 바둑 대결을 해서 이겼죠. 물론 알파고는 바둑만 둔다는 점에서 인간과 다르지만, 미래에 알파고가 인간처럼 육체를 갖게 되거나 바둑 외에 다른 능력도 갖춘다면 우린 알파고를 단순한 기계로만 여기지는 않을 거예요.

별이　하긴 내 친구는 로봇 강아지 키우는데, 되게 예뻐해.

유준　그래도 기계는 기계고 인간은 인간이지 않나?

미래쌤　변형 사회는 과학기술이 매우 발달했다는 점에서 중단 없는 성장 사회와 비슷합니다. 물론 두 사회 다 로봇이 있고요. 하지만 로봇을 대하는 태도에는 큰 차이가 있어요. 뭘까요?

만세　음……, 변형 사회에는 로봇뿐 아니라 외계인이나 화성인도 있을 거 아녜요. 그럼 로봇도 지금만큼 특별하진 않을 거예요.

별이　로봇, 인간, 화성인, 아바타, 외계인……. 다 같이 다니면 엄청 복잡하겠다.

유준　중단 없는 성장 사회의 로봇은 아이언맨 비서 자비스 같다고 하셨어요.

미래쌤 맞아요. 중단 없는 성장 사회의 로봇이 인간의 생활을 돕고자 존재한다면, 변형 사회의 로봇은 인간의 친구나 가족이 될 수도 있습니다. 예를 들어 로봇청소기도 일종의 로봇이지만 그걸 친구나 가족으로 생각하지는 않죠. 그러나 변형 사회의 로봇은 인간처럼 스스로 생각할 수 있는 존재일 수도 있어요. 혹은 인간이 신체 대부분을 기계화해서 몸은 기계지만 여전히 인간처럼 사고할 수도 있고요.

만세 오, 깁스 대신 기계 팔?

미래쌤 만세가 잘 이해했네요. 팔을 다쳤을 때 치료를 받아서 원래대로 되돌릴 수도 있겠지만, 만세 말대로 팔을 아예 새로운 것으로 대체할 수도 있겠죠. 어쩌면 기계 팔을 더 선호할 수도 있고요.

별이 와, 그럼 장애인도 사라지겠네요.

미래쌤 맞아요. 변형 미래에서 신체 변형은 기회일 수 있습니다.

만세 미래 병원에서는 수혈이 아니라 기름을 넣겠는데.

별이 주사 맞는 게 아니라 충전.

만세 충전 한 방 놔주세요, 이런 건가.

유준 변형 미래 의사는 기계도 잘 알아야겠지?

만세 오늘도 차박은 공부할 게 하나 더 늘어가고…….

미래쌤 이제 변형 사회가 어렵지 않죠? 그럼 미래 시나리오를 같이 읽어볼까요.

미래에서 온 소녀

2035년, 한국은 세계에서 다섯 번째로 휴먼·프리human-free 시대에
접어들었습니다. 전국에 남은 마지막 유인 점포 일곱 개가 동시에 폐
점했고, 이로써 한국에서는 계산원이라는 직업이 완전히 사라졌습
니다. 2032년, 해고된 계산원을 중심으로 오토다이트Autodite 운동이
전개되어 무인 계산대가 테러를 당하는 일도 있었지만, 3개월 후 사
람이 기계를 망가뜨리는 속도가 기계 스스로 시스템을 복구하는 속
도를 따라잡을 수 없게 되면서 무차별 테러도 점점 사그라졌습니다.
기계와의 대결을 포기한 이들은 사람만이 할 수 있는 일을 찾기 시작
했지요.

유준   산업혁명 시대의 러다이트 운동이랑 비슷하다.
만세   러, 뭐?
별이   요즘 이슈인 제4차 산업혁명 이후 미래인가 봐.
만세   사, 뭐?

의료계에서는 심리 분야와 정신과 상담이 점차 중요해졌고, 교사 한
명이 다수의 학생을 가르쳤던 학교 역시 교사 여러 명이 학생 한 명을
담당하는 집중 관심 방식으로 바뀌었습니다. 또한 책 읽어주는 강아
지, 노래를 연주하는 식물 등 인간 외의 존재가 함께 어울려 수업을 진

행했어요. 학교는 더는 지식을 배우는 곳이 아닌 나와 다른 존재와 소통하는 곳, 삶의 지혜를 배우는 곳, 토론을 통해 문제를 해결하는 곳이 되었죠. 정답보다 질문이 중요하게 된 것이죠. 학생은 오감을 느낄 수 있는 기술을 통해 세계 모든 학교에 접속해 수업할 수 있었어요.

별이   학교가 재미있어 보이다니.

유준   진짜 과거로 돌아가서 역사도 체험 학습으로 배우면 재밌겠다.

만세   미래에는 접속할 수 없나?

22번   내가 있잖아.

2050년에는 한국 최고 부호 강만세가 노인 돌봄 로봇 '실버'에게 재산을 상속합니다. 실버의 인터뷰는 인간과 로봇의 경계를 흔들어놓았습니다. "저는 만세 할아버지의 가족이었고, 만세 할아버지도 제 가족이었어요." 그리고 덧붙였습니다. "상속을 포기합니다. 좋은 일에 사용해주세요."

별이   실버가 로봇?

유준   말도 안 돼.

별이   사람보다 착한 로봇이라면 같이 살아도 좋잖아.

만세   일단 찬성. 만나보고 싶어.

인간보다 더 인간다웠던 실버의 인터뷰 이후 로봇은 이제 소모품으로 여겨지지 않았습니다. 인간의 친구, 가족, 연인이 되었지요. 2060년에 이르러서는 순수 인간을 비롯하여, 변형 인간, 로봇, 인공지능, 화성인(2040년 첫 이주 이후 화성에서 태어난 1세대)까지 다양한 존재가 지구에서 어우러져 살게 되었어요. 순수 인간 남녀가 결혼하여 사는 것은 이제 전체 가족 형태의 7퍼센트에 불과합니다.

별이 　여기서 살려면 상상력이 엄청 풍부해야겠어. 서로 너무 다르잖아.

유준 　의사소통을 정확히 이해할 수 있는 기계 같은 게 나오지 않을까?

만세 　번역기처럼?

2100년에는 전 인류의 지혜를 데이터로 모은 거대 인공지능 구루바이트Gurubyte를 만들었습니다. 세계 평화 유지가 목적이었죠. 인류는 분쟁이 생길 때마다 구루바이트에게 도움을 요청합니다. 구루바이트는 중립적이고 합리적인 해결책과 동시에 다양한 미래 시나리오를 제시하여 인류의 선택을 돕습니다. 가상공간에서 이루어진 남북 통일도 구루바이트의 조언이 큰 역할을 했죠.

유준 　인공지능 대통령인가.

만세 　내 지혜도 좀 넣어줘야겠군.

별이   강만세, 인류를 대신해서 부탁해. 가만히 있어줘.

최근 인류는 새로운 존재의 등장에 주목하고 있습니다. 사이버 가상 세계에서 우주를 탐험하던 김별이 어린이가 지도에 나와 있지 않은 행성 안에 들어갔다가 분홍색 돌 모양 데이터를 발견한 거죠. 별이는 분홍색 돌 데이터를 저장하고, 현실 세계로 돌아왔습니다. 데이터에 '리틀걸'이라는 별명도 지어주었죠. 다음날 리틀걸은 김별이 양의 가상 세계에서 사라지고 없었습니다. 얼마 후 미국, 폴리네시아, 핀란드, 남극 등 세계 곳곳의 가상 세계에서 분홍빛을 반짝이며 나타났다 사라지길 반복했죠. 1주일 후, 전 세계에 있는 모든 컴퓨터는 리틀걸의 메시지를 받았습니다. "당신들이 인류입니까?"

만세   데이터가 말을 하는데?
별이   오, 나의 리틀걸!

누군가는 바이러스라고 하고, 누군가는 외계인의 메시지라고 하고, 누군가는 인간 혹은 로봇이 창조한 새로운 존재라고 했습니다. 그러나 그 누구도 정확한 답을 알진 못했죠. 리틀걸은 점차 늘어났습니다. 수조 개의 리틀걸은 뭉치거나 흩어지며 형태를 바꾸었고, 가상 세계 속을 자유롭게 오갔습니다. 해킹 전문가이자 반인반봇 '#U·Joon2'는 리틀걸은 일종의 살아 있는 공간일 수 있다고 말했습니다. 우리가 모르는 세계가 리틀걸 안에 존재할 수 있다는 뜻이었죠. 누군가는 리틀걸이 미래에서 온 것이 아니냐고 말했지만, 구루바이트는 확실한 건 아무것도 없다는 메시지를 보내왔습니다. 리틀걸은 '미래에서 온 소녀'라는 별명을 얻게 되었습니다.

유준   가상 세계 속의 또 다른 세계라.

만세   영화에서 보면 저런 곳 통해서 과거나 미래로 가던데.

과거 육체적 한계와 죽음의 공포에 시달리던 인류는 100년 만에 자유로운 변형과 영생의 시대를 살게 되었습니다. 순수 인간의 삶을 택하여 죽음을 맞이하는 인간도 소수 있지만, 대부분은 기계와 결합하거나 아바타를 통해 가상 세계에서 제2의 인생을 이어갑니다. 오래전 자기 뇌 정보를 옮겨 놓고 죽은 레이 커즈와일은 가상 세계 안에서 '죽은 괴짜들의 모임'을 만들어 '미래에서 온 소녀'를 연구하기 시작했지요.

얼마 전 온 세계인을 대상으로 "당신은 현실 세계와 가상 세계 중 어느 쪽이 더 중요합니까?"라는 질문을 던졌는데요, 결과는 현실 세계 48퍼센트, 가상 세계 52퍼센트로 가상 세계가 더 중요하다는 결론이 나오기도 했습니다. 이 미래의 청소년은 해저 도시, 공중 도시, 우주, 가상 세계 등 과거에 상상만 했던 것들을 현실로 넘나들며 살아갑니다. 인간과 기계, 현실과 가상현실 사이에서 인류는 고치에서 깨어난 나비처럼 날개를 펼치고 있습니다.

별이 몸이 붕붕 뜨는 것 같아.

만세 공중 부양이라도 하는 거냐.

별이 꿈꾸는 것 같다고 할까?

유준 과학기술이라기보다는 마법 세계 같기도 해요.

미래쌤 이 미래는 과학기술이 극도로 발달한 상황을 가정하고 있어요. 유준이 말처럼 마법 같기도 하죠. SF 작가 아서 클라크가 "충분히 발달한 과학기술은 마법과 구분할 수 없다."라고 말한 적도 있죠. 100년 후의 미래를 받아들이려면 100년 전과 지금을 비교해볼 필요가 있어요. 지난 수업에 배웠던 있고·없고 게임 방식으로 생각해볼까요?

별이 계속 있는 것, 사라진 것, 새로 생긴 것!

미래쌤 맞아요. 과거 100년 동안 일어난 변화를 세 가지 질문으로 보면 미래 100년도 상상할 수 있다고 했죠. 100년 전 사람들이 스마트폰을 보면 어떨까요? 100층이 넘는 빌딩을 보고 엘리베이터를 탄다면? 지구 반대편에 있는 사람과 실시간으로 대화하고, 손가락보다 작은 USB 안에 1000편의 영화를 넣을 수 있다는 걸 안다면?

만세 황당하겠죠.

별이 정말.

유준   아예 이해를 못 할 것 같아요. 특히 인터넷 관련한 것들은 순
       간 이동처럼 보일 수도 있고……

별이   그럼 진짜 마법 같겠다.

미래쌤 그렇죠. 그래서 100년 후 과학기술로 일어날 일을 우린 잘 상
       상할 수 없어요. 비현실적으로 느껴지는 게 당연하죠. 네 가지
       미래 가운데 변형 사회는 특히 그래요. 무엇이든 새로워진 미
       래를 상상해야 하니까요.

만세   쌤, 저는 여기로 하겠습니다.

미래쌤 만세는 변형 사회가 마음에 드나 봐요.

만세   네. 저는 만세 주니어를 잔뜩 만들어서 같이 축구도 하고 야구
       도 하고 만세 월드를 만들어볼까 해요. 복제인간 만세, 아바
       타 만세, 로봇 만세 등등.

별이   강만세가 대체 몇 명이야.

만세   만세들이 얼마나 귀여운데.

유준   쌤, 이 미래에도 의사가 필요할까요?

미래쌤 아픈 사람이 있다면 의사가 필요하겠죠. 유준이는 그렇게 의
       사가 되고 싶나요?

유준   네, 아픈 사람들을 고쳐주고 싶어요.

미래쌤 병이 나으면 새 생명을 얻었다고 하죠. 그만큼 의사는 중요한
       직업이고요. 변형 미래는 네 가지 미래 중 가장 변화에 적극적
       이에요. 이 미래의 의사는 변화를 꿈꾸는 사람들에게 새로운

삶을 선물하는 직업이 될 수도 있을 거예요. 직무는 현재의 의사와 다르겠지만, 변형 미래에서도 유준이가 할 수 있는 일이 반드시 있으리라고 생각해요.

만세   영화 보면 박사님은 항상 나오더라. 걱정하지 마, 차박.

유준   하얀 가운은 똑같지만 하는 일은 다르다고.

별이   강만세가 더 걱정이지.

만세   나는 만세 월드 회장이잖아.

별이   타임머신 나오면 만세 월드 없는 미래로 가야겠어.

만세   김별이, 어느 미래에서든 강만세가 기다릴 거다.

미래쌤   언제나 사이좋은 만세와 별이의 미래가 점점 더 기대가 되네요.

만세, 별이   아니거든요! 저희 사이 안 좋거든요!

미래쌤   하하. 오늘로써 네 가지 미래를 다 배운 소감이 어떤가요?

유준   저는 수업하면 할수록 고민이 늘어가는 것 같아요.

미래쌤   왜 그렇죠?

유준   제 꿈이 어울리는 미래도 있고, 그렇지 않은 미래도 있어서요.

미래쌤   유준이의 걱정은 당연한 거랍니다. 왜 그런지는 다음 시간에 더 배우도록 하죠.

22번   차박, 걱정하지 마. 이거 먹고 힘내.

만세   나왔다, 22번 사탕!

유준   (사탕을 먹고) 히히.

만세   응?

180

유준   히히히히.

별이   (사탕 포장지를 들고) 간지럼…… 사탕?

미래쌤 그럼 다음 시간에 만나요!

유준   쌤, 안녕히히히히히.

별이   가세요! 히히히.

만세   히히히.

함께하는 미래 수업 ▸▸

미래퀴즈: '아이보그'는 눈에 무엇을 장착했을까요?

인공지능 의사 '왓슨'과 인공지능 변호사 '로스'를 아시나요? 그동안 로봇은 반복적인 단순 업무에 주로 사용되어 왔는데요, 인공지능 기술이 발달하면서 최근에는 전문적인 일을 하는 인공지능이 등장하고 있습니다. 또한 그림을 그리는 '딥드림', 작곡을 하는 '플로우머신', 영화를 만드는 '벤자민' 등 인공지능은 예술 분야까지 활동 영역을 넓히고 있죠.

　　로봇과 결혼한 사람들도 있습니다. 중국의 한 남성은 자신이 직접 만든 인공지능 로봇과 결혼했고, 프랑스의 한 여성은 3D프린트로 직접 만든 로봇과 결혼했습니다. 법적인 효력은 없는 결혼이지만, 인공지능과 함께 사는 삶이 아주 먼 미래는 아닌 것 같죠? 일부 전문가들은 과거 흑인과 백인의 결혼, 동성 간의 결혼처럼 과거 금지됐던 것들이 현재는 가능한 것처럼 로봇과 사람의 결혼 또한 미래에는 가능할 것으로 예측합니다.

　　변형의 미래에서 사람과 로봇은 친구, 가족, 연인이 될 뿐만 아니라, 지금은 상상할 수 없는 새로운 존재들과 함께 살아가게 될 거예요. 기계는 사람을, 사람은 기계를 닮아갈 수도 있겠죠.

　　현재도 이런 사람들이 존재합니다. 과학기술을 적극 도입해 신체를 강화하거나 한계를 극복하는 사람들을 '트랜스휴먼'이라고 하는데요, 캐나다의 한 영화 제작자는 자신의 눈에 이것을 장착하는 데 성공했다고 합니다. 한쪽 눈이 실명한 후 스스로 눈에 넣을 수 있는 이것을 개발했다고 하는데, 무엇일까요?

정답: 카메라

캐나다에 사는 영화 제작자 롭 스펜스Rob Spence는 오른쪽 눈이 실명한 후, 눈에 넣을 수 있는 소형 카메라를 만들었습니다. 직접 볼 수는 없지만 자신의 시선에서 보이는 것들을 찍기로 한 거죠. 이 카메라는 크기가 워낙 작아서 최대 30분간 촬영을 할 수 있습니다. 촬영을 하는 동안 그의 눈은 빨갛게 빛나 보이고요.

그는 자기 자신을 '아이보그(눈eye과 사이보그cyborg의 합성어)'라고 부릅니다.

변형 사회에서 사람과 기계는 다양한 방식으로 결합합니다. 아직은 신체의 일부를 기계로 대체하는 수준이지만, 미래에는 몸의 대부분을 기계로 바꿀 수도 있을 거예요. 그러면 어디까지를 사람으로 볼지, 기계로 볼지 논란이 될 수도 있겠죠.

로봇과 친구가 될 준비가 되어 있나요? 만약 로봇이 될 수 있다면 어디를 어떻게 바꾸고 싶으세요?

인간은 더는 세상의 중심이 아니다

1960년대에 출간된 아서 클라크의 소설 『2001 스페이스 오디세이』에 나왔던 인공지능 '할HAL 9000'의 후예들이 곧 등장할 예정입니다. 인공지능과 로봇 기술은 단순 노동을 넘어서서 다양한 분야에서 빠르게 인간을 대체하고 있습니다. 2016년 세계경제포럼WEF의 전망에 따르면 향후 5년 내 선진국에서만 500만 개의 일자리가 사라질 것으로 예상합니다.

한편 우주에는 약 1000억 개의 은하에 각각 1000억 개의 항성이 있습니다. 이 중에 인간과 같은 생명체가 살아가기에 적합한 환경인 '골디락스 존Goldilocks Zone'에 해당하는 행성들이 있습니다. 천문학자 칼 세이건Carl Edward Sagan은 "이 넓은 우주에 우리만 산다는 것은 엄청난 공간의 낭비일 것이다."라고 말했습니다. 외계인 탐사 계획인 세티SETI, Search for Extra-Terrestrial Intelligence 계획의 창시자 드레이크Frank Drake 박사는 인간과 교신할 수 있는 지적인 외계 생명체의 수를 계산하는 드레이크 방정식을 만들었습니다. 언젠가는 인류가 외계인을 직접 만날 수도 있겠습니다.

수많은 소설과 영화에서 인간과 인간이 아닌 존재가 공존하는 세상을 그리고 있습니다. 그 존재는 로봇이나 인공지능일 수도, 외계인일 수도, 또 다른 무엇일 수도 있습니다. 황당한 이야기로만 여겨지는 이런 세상이 실제가 될 때, 그때가 바로 세상의 중심이 인간이 아닌 다른 그 무엇으로 바뀌는 변형 미래라고 하겠습니다.

이렇게 주장하는 사람들은 그 근거로 기하급수적인 발전을 꼽습니다. 인공지능과 컴퓨터 기술이 지금까지처럼 계속해서 두 배로 발전한다면, 곧 컴퓨터가 인간의 능력을 뛰어넘는 특이점이 도래한다는 것입니다. 『와이어드』의 편집자 케빈 켈리Kevin Kelly는 저서 『인에비터블 미래의 정체』에서 인공지능을 일종의 '인공 외계인'으로 볼 수 있다고 했습니다. 스스로 진화하는 생명체의 관점에서 본다면, 유기 생명체가 아닌 이 새로운 생명체가 수명이 더 길 가능성이 있습니다.

변형 미래는 인간보다는 인간 이후의 생명, 즉 포스트휴먼Post-Human의 세상이라고 할 수 있습니다. 유명 애니메이션 〈공각기동대〉의 주인공은 팀에서 유일하게 인간의 몸을 유지하고 있는 '토구사'가 아니라 전신 의체인 '쿠사나기 소령'입니다. 만약 변형 미래가 온다면 어떤 형태일지는 아무도 모릅니다. 이러한 미래는 우리가 아직 한 번도 겪어본 적이 없으므로 온전히 상상에 의지해서 생각해보아야만 합니다. 어떤 사람들은 로봇과 인공지능이 같이 사는 세상을 주장합니다. 어떤 사람들은 매트릭스와 같은 가상 세계를 주장합니다. 어떤 사람들은 네트워크화한 하나의 '초마음'을 주장합니다. 〈공각기동대〉에서처럼 가상과 현실이 혼합된 세상일지도 모르겠습니다.

한편 새로운 생명체나 인공지능에 대해 경고하는 사람들도 있습니다. 일론 머스크는 "인공지능 연구는 우리가 악마를 소환하는 것이나 마찬가지"라며, "인공지능은 핵무기보다 위험하다."라고 말하며 인공지능 연구는 매우 주의 깊게 진행해야 한다고 주장합니다. 스티븐 호킹Stephen William Hawking은 "완전한 인공지능의 개발이 인류의 멸망을 불러올 수 있다."라고 경고한 바 있습니다. 인공지능은 스스로 자신을 개량하고 도약할 수 있지만, 인간은 생물학적 진화 속도가 늦어 인공지능과 경쟁할 수 없으므로 대체되고 말리라는 것입니다. 역사학자 유발 하라리Yuval Noah Harari도 저서 『사피엔스』에서 호모사피엔스 종의 종말을 예측하였습니다.

이러한 미래를 마냥 두려워할 것만은 아닙니다. 변형 미래에서는 발달한 과학기술을 기반으로 현재의 많은 문제를 해결할 수 있을 것입니다. 또한 현재와는 다른 새로운 가치를 중요시할 것입니다. 발달한 과학기술을 기반으로 생산성의 문제를 해결하였으므로 지금과 같은 자본주의 체제에서 벗어나 돈이 아닌 다른 가치를 중요하게 여길 가능성이 큽니다. 〈스타트렉〉은 인류가 물질의 속박에서 벗어나 새로운 미지의 세계를 탐험하는 것을 중요한 가치로 삼는 미래를 그리고 있습니다.

이 시기가 오면 인간 중심의 사고에서 벗어나야만 합니다. 만약 이러한 미래가 여러분 앞에 주어진다면 여러분은 선택해야 할지도 모르겠습니다. 인간으로 계속 남느냐, 새로운 존재가 되느냐.

나는 미래에
무얼 하며
살까

올 것 같은 미래,
살고 싶은 미래

인생은 자전거를 타는 것과 같다.
균형을 잡으려면 계속 움직여야 하니까.

– 알베르트 아인슈타인

별이   오늘 뭔가 허전하지?

만세   22번.

유준   안 보이네?

별이   무슨 일 있나?

유준   얼마 전 담임 선생님께 미래 수업 이야기를 했는데, 22번을 모
       르시더라.

만세   헉.

유준   세 명이 수업 듣는 거로 알고 계시더라고.

만세   22번 혹시…….

별이   혹시?

만세   사탕 공장이 망한 거 아냐?

(미래쌤이 등장한다.)

미래쌤   안녕하세요.

별이   쌤, 안녕하세요.

만세   쌤, 오늘 22번 결석이래요. 근데 좀 이상…….

별이   (만세 입을 막으며) 쉿.

유준   감기에 걸려서 못 왔어요.

미래쌤   많이 아픈가 보네요.

만세   아픈 게 아니라 좀 이상…….

별이   (만세 입을 다시 막으며) 쉿!

만세   퉤퉤. 어, 짜.

유준   쌤, 오늘은 뭐 배워요?

만세   이쯤에서 미래쌤이 실은 마법사였다! 이러면서…….

별이   우리를 데리고 미래로?

미래쌤   그럼 좋겠죠?

별이   네!

미래쌤   그럼 오늘은 미래로…….

만세   오!

미래쌤   가보는 것처럼 수업해볼까요?

유준   이것 참.

미래쌤   그동안은 막연하게 미래를 상상했다면, 오늘은 좀 더 구체적으로 미래를 상상해볼 거예요. 지금까지 여러 가지 미래를 배웠으니까 이제 어떤 미래든 꺼내볼 수 있겠죠?

별이   네 가지 미래요?

미래쌤   맞습니다. 각 미래를 잘 기억하고 있나요?

유준   넵.

만세   아니요.

별이   헷갈린다.

미래쌤   간단한 퀴즈를 내볼게요. 어느 미래를 설명하는 건지 맞혀보세요. 이 미래는 모든 것이 느려요. 교통수단도 느리고, 요리하거나 물건 하나를 사는 데도 오랜 시간이 걸리죠.

유준   붕괴요!

만세   놓쳤다.

미래쌤   붕괴와 새로운 시작 미래. 유준이가 잘 맞혔어요. 만세도 알고 있었죠?

별이   저도요.

미래쌤   모두 잘했어요. 이번에는 유준이가 퀴즈를 내볼까요? 나머지 세 미래 중 하나를 골라서 친구들에게 특징을 이야기해주세요.

유준   음……. 저는 이 미래에 살고 있는데요, 어제는 팔 한쪽을 신소재 팔로 바꿨어요. 화성 이민 준비 중이고요.

만세   변신!

별이   변신? 아하, 변형!

미래쌤 만세와 별이가 동시에 말해주었네요.

별이 쌤, 제가 맞힌 거죠!

만세 한 글자 틀렸으니까 저도 반은 맞힌 거죠, 쌤.

미래쌤 변형 미래가 정확한 표현이긴 하지만 이름을 맞히는 것보다 각 미래의 특징을 이해하는 게 중요해요. 둘 다 잘 대답했어요. 이번에는 별이가 문제를 내볼까요?

별이 두 미래가 남았는데……. 뭘 할까. 이 미래는 서로서로 돕는 게 중요해요. 자연도 많이 파괴되고, 에너지도 부족해서 노력하지 않으면 안 되거든요. 지금은 힘들지만 후손을 위해서 절제하죠.

유준, 만세 보존!

별이 정답!

미래쌤 모두 대단한데요?

별이 제가 설명을 좀 잘한 것 같아요.

유준 지금 말투는 중단 없는 성장인데.

별이 강만세, 물 좀 갖다 줘.

만세 엥?

별이 중단 없는 성장 미래에는 자비스 같은 비서 로봇이 있다고 했어.

만세 내가 김별이 자비스?

유준 만비스.

별이   만비스, 물 좀.

미래쌤 마침 로봇 이야기가 나왔는데요, 중단 없는 성장과 변형에서 의 로봇은 서로 다른 특징이 있죠. 뭐가 다를까요?

유준   중단 없는 성장은 로봇이 만비스 같은 존재고요……

만세   차박, 너까지.

별이   만비스, 아이스크림 부탁해.

유준   인간을 도와주는 기계죠. 반면에 변형 미래의 로봇은 인간 아 래에 있지 않고 친구나 가족이 될 수 있어요.

만세   김별이, 아이스크림 부탁해.

별이   갑자기?

만세   여긴 변형 미래라고. 로봇도 사람에게 부탁할 수 있지.

별이   안 되겠다. 보존이나 붕괴로 가야겠다.

미래쌤 네 가지 미래, 어렵지 않죠?

유준   이야기하다 보니 특징이 생각나요, 쌤.

별이   처음에는 잘 기억이 안 났는데 이제는 조금 알 것 같다.

만세   쌤, 오늘도 네 가지 미래를 배워요?

미래쌤 오늘은 미래 투표를 해볼 건데요, 그 전에 네 가지 미래를 배 우고 난 뒤에 생긴 변화에 관해 이야기를 나눠볼게요. 이전과 비교해 달라진 점이나 새롭게 느낀 것이 있나요?

별이   네 가지 미래를 알고 나니까 세상이 좀 다르게 보이는 것 같 아요.

미래쌤 어떻게 다르게 보이나요?

별이 안 보이던 게 보인다고나 할까? 예를 들어 분리수거를 하는 거 되게 귀찮아했었는데, 미래를 위한 준비라고 생각하니까 그렇게 싫지만은 않더라고요.

만세 김별이, 너무 착한 척하는 거 아냐?

별이 원래 착하거든! 미래를 위해서 내가 참는다.

유준 저도 약간 변했어요. 우리 형은 "거기서 거기야, 다 똑같아." 하는 말버릇이 있거든요. 전에는 저도 비슷하게 생각했는데, 이제는 아닐 수도 있다는 생각이 들기도 해요.

미래쌤 좀 더 구체적으로 이야기해줄 수 있을까요?

유준 그러니까 다 똑같다는 거는 변하지 않는다는 뜻이잖아요. 근데 미래를 배우다 보니까 미래에는 무슨 일이든 일어날 수 있다는 생각이 들어요.

만세 차박, 한숨 쉬는 거야? 오랜만에 할배 차박.

유준 솔직히 걱정도 되고.

미래쌤 어떤 점이 걱정되나요?

유준 계획대로 열심히만 하면 다 잘될 줄 알았는데, 미래는 나만 잘한다고 잘되는 건 아니잖아요. 확실하지 않다는 게 걱정돼요.

미래쌤 유준이가 말한 것처럼 불확실하다는 게 미래의 가장 큰 특징이죠. 알 수 없으니까 걱정되는 것도 당연할 거예요. 확실하지 않다는 건 깜깜해서 무섭기도 하지만, 동시에 아주 많은 가능성이 있다는 뜻이기도 합니다. 계획대로 되지 않을 수도 있지만, 대신에 무엇이든 될 수도 있는 거죠.

유준 제 마음도 반반이에요. 걱정도 되고, 기대도 되고.

미래쌤 만세는 어떤가요?

만세 저는 아직 잘 모르겠어요. 배울 때는 재밌는데, "그래서 나랑 무슨 상관인가?" 하는 생각도 들어요.

미래쌤 솔직한 대답 고마워요. 미래는 정답이 없으므로 배우기도, 이해하기도 쉽지 않죠. 그래도 나와 미래를 연결해보는 연습을 해야 해요.

유준 나와 미래를 연결해요?

만세 미래와 통신?

별이 텔레파시?

미래쌤 하하. 어떻게 표현해도 좋습니다. 통신, 텔레파시 다 좋아요. 중요한 건 누구에게나 미래가 있고, 그 미래와 연결해보는 연습을 통해서 원하는 미래를 만들어갈 수 있다는 거죠.

만세 미래랑 어떻게 연결해요?

미래쌤 여러 가지 방법이 있지만, 오늘은 미래에 투표해볼 거예요.

유준 투표요?

미래쌤 두 가지 투표를 할 건데요, 먼저 20년 후에 올 것 같은 미래를 정해보세요. 네 가지 미래 중 하나를 고르면 됩니다. 이 미래를 내가 좋아하는지 싫어하는지와 상관없이 그야말로 다가올 가능성이 큰 미래를 고르면 됩니다.

별이 　마음속으로요?

미래쌤 　네, 일단 마음속으로 정해보세요.

만세 　네 가지 중 아무거나요?

미래쌤 　네.

유준 　은근 어렵네.

미래쌤 　올 것 같은 미래를 정했으면 이번에는 내가 살고 싶은 미래입
　　　니다. 가능성은 상관없이 "난 이 미래에 살고 싶어." 하는 것
　　　을 마음속으로 정해보세요.

별이 　두 미래가 달라도 돼요?

미래쌤 　네, 괜찮습니다.

만세 　여기저기 다 살고 싶은데.

미래쌤 　그중에서 가장 끌리는 미래로 골라보세요. 다 됐나요?

모두 　네.

미래쌤 　자, 이제 올 것 같은 미래, 살고 싶은 미래를 종이에 써서 저에
　　　게 주세요.

	올 것 같은 미래	살고 싶은 미래
김별이	변형	보존
강만세	붕괴와 새로운 시작	변형
차유준	보존	중단 없는 성장

미래쌤　여러분의 투표 결과입니다.

별이　와!

유준　하나도 안 겹치네.

만세　어떻게 변형을 안 고를 수가 있냐. 변형이 최고잖아.

별이　변형이 올 것 같긴 한데, 나는 그래도 인간으로 살고 싶어. 친구들이랑 사이좋게.

만세　변형에 친구가 얼마나 많은데. 로봇 친구, 아바타 친구, 복제 인간 친구, 외계인 친구…….

유준　내 생각에는 보존 미래가 올 것 같은데. 한국은 아직 더 성장해야 하지 않을까? 다 같이 잘살면 좋잖아. 중단 없는 성장이 제일 풍요로운 미래니까.

별이　잘살면 좋지만, 경쟁이 너무 심하잖아.

만세　걱정하지 마. 일단 붕괴하고 다시 시작할 테니까.

유준　그러고 보니 만세는 올 것 같은 미래에 붕괴를?

별이　에이.

유준　설마.

만세　새롭게 시작하려면 한 번 붕괴가 돼야지.

별이　그냥 망하는 거 보고 싶은 거 아니고?

만세　한국은 뭐든 빨리빨리 하니까 붕괴해도 금방 새롭게 시작할 거야.

별이　사실 살고 싶은 미래를 고를 때 붕괴랑 보존 사이에서 고민했어. 매일 학교 가고, 학원 가고, 시험 보고 그런 거 싹 없어지는 미래니까 끌리더라고.

유준 그래도 붕괴 이후 혼란스러운 상황을 생각해봐. 집도 무너지고, 전기도 없어지고, 게임도 못 하고, 학교도 못 가고.

별이 흑, 무섭긴 무섭다.

만세 변형 미래로 가자고.

미래쌤 이제는 저 없이도 여러분이 풍성하게 토론하는군요. 미래 투표 결과만 보고도 많은 이야기가 나오죠?

별이 쌤, 달라도 너무 달라요.

유준 투표하고 나니까 더 혼란스러운 것 같아요.

만세 미래로 가는 길은 멀고도 험하도다.

미래쌤 여러분의 투표 결과처럼 제각각 원하는 미래가 다르지요. 한 사람 한 사람의 소망하는 미래가 모여서 사회의 미래를 만드는 거고요. 이렇게 다양한 생각이 어우러져 있으니까 때로는 갈등이 일어나고, 때로는 다채롭고 재미있기도 한 것이죠. 중요한 건 나와 미래가 연결되어 있다는 거예요. 그림을 보면서 설명해볼까요? 우리는 두 가지를 투표해보았는데요, 먼저 올 것 같은 미래는 '가능 미래'라고 하는데, 내 의지와 상관없이 사회가 바라는 미래예요. 두 번째 살고 싶은 미래는 '선호 미래'라고 하는데 말 그대로 내가 좋아하고 살고 싶은 미래죠. 그 사이에서 제5의 미래가 오는 거고요. 여러분처럼 가능 미래와 선호

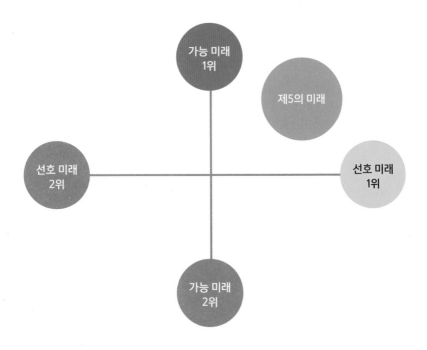

미래가 다르면 두 미래 사이의 밀고 당기는 힘겨루기가 일어나
게 되죠.

별이　　밀당?

미래쌤　맞습니다. 가능 미래와 선호 미래 사이에 일어나는 밀당이라
　　　고도 할 수 있어요.

유준　　줄다리기하는 것 같기도 하고.

미래쌤　줄다리기도 좋은 표현이네요. 예를 들어서 사회는 경제성장
　　　을 원하는데 나는 보존 미래에 살고 싶을 때, 힘겨루기가 일어
　　　나겠죠. 만약 내가 살고 싶은 미래가 없을 때는 사회가 원하

는 대로 끌려가게 될 거고요. 그러다 문득 '어, 이건 내가 살고 싶은 미래가 아니야!' 하고 후회할 수도 있을 거예요.

별이　그럼 별로 행복하지 않을 것 같아요.

미래쌤　여러분은 이제 미래를 배웠으니까 걱정할 필요 없어요.

유준　근데 쌤, 선호 미래가 있어도 원하는 대로 안 될 수도 있잖아요.

미래쌤　맞습니다. 그래서 나의 선호 미래를 이룩하고자 노력하는 것만큼 사회 변화에 따라 유연하게 대처하는 것도 중요해요.

만세　어떻게 노력하고, 어떻게 대처해야 해요?

미래쌤　지금까지 여러분이 수업을 통해 배운 것들이 이러한 능력을 기르려는 과정이었어요. 무엇이 계속 있고 사라지고 새로 생기는지 생각해보는 것, 엉뚱하고 과감하게 상상해보는 것, 선으로 미래를 예측해보고 네 가지 미래의 가능성을 25퍼센트로 열어두는 것. 이 모든 과정이 미래를 즐겁게 맞이할 방법이죠.

유준　저는 아직 변한 게 없는 것 같은데요.

별이　나는 키가 좀 컸어.

만세　나는 뭐가 좀 변했나?

별이　너는 수업 시간에 말이 많아졌지.

미래쌤　아직은 눈에 보이는 변화는 일어나지 않았을 수도 있죠. 하지만 작은 변화들이 느껴집니다. 기대하고 기다려 봐도 좋아요.

만세　쌤, 저 투표 결과 바꿔도 돼요?

별이　벌써?

유준 나도 약간 고민 중.

미래쌤 친구들과 이야기를 나누다 보면 생각이 변할 수 있어요. 내가 살고 싶은 미래로 같이 가자고 설득할 수도 있죠. 오늘 수업은 여기까지지만, 친구나 가족과 미래에 대해 계속 이야기를 나눠보세요.

별이 나도 바꿀까?

만세 나는 네 군데서 다 살아보고 싶은데.

유준 형이랑도 이야기해봐야겠어.

미래쌤 어쩐지 다들 변화하고 있는 것 같지 않나요? 다음 시간이 더 기대되네요. 그럼 다음에 만나요. 안녕!

모두 안녕히 가세요!

함께하는 미래 수업 ▶▶

가능 미래와 선호 미래의 개념이 쉽지만은 않죠? 보통은 내가 좋아하는 것, 바라는 것만 생각하지 사회가 이끄는 힘은 생각하지 않죠. 여러분의 가능 미래(올 것 같은 미래)와 선호 미래(살고 싶은 미래)는 무엇인가요? 4가지 미래 중에서 골라보세요.

가능 미래:

선호 미래:

두 미래를 골랐다면 이제 그래프로 그려 볼까요?

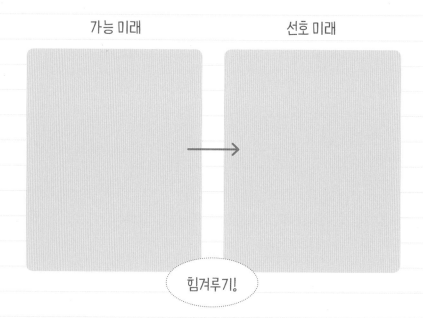

가능 미래   선호 미래

힘겨루기!

여러분의 가능 미래와 선호 미래는 똑같은가요, 아니면 다른가요? 똑같은 친구도 있고 다른 친구들도 있을 거예요. 사실 만세, 별이, 유준이처럼 두 미래가 다른 경우가 더 많아요. 왜 그럴까요? 내가 바라는 미래를 위해 사회가 도와줄 것 같지 않다고 생각하거나, 세상과 내 생각이 다르다고 느끼거나, 두 미래가 다른 쪽이 더 재미있으니까 등등 여러 가지 이유가 있겠죠.

　중요한 건 두 미래 사이에 힘겨루기가 일어난다는 거예요. 이때 일어나는 어려움이 여러분이 어른이 되어가는 동안 극복해야 하는 과제일 수도 있습니다. 하지만 걱정하지 마세요. 미래와 하는 '밀당'은 꽤 재미있답니다!

더 알아보기

마음껏 상상할수록 미래도 다양해진다

부모님과 함께 간 야영장에서 깜깜한 밤에 손전등을 비추면 그 빛이
멀리까지 뻗어 나가는 것을 볼 수 있습니다. 빛이 비추는 거리를 시
간의 흐름, 빛이 퍼져 나가는 모습을 미래에 대한 상상으로 생각해
보면 그럴듯합니다. 이 모양이 원뿔과도 닮아서 '미래의 원뿔'이라
고 부르기도 합니다.

　　손전등의 빛은 위로 아래로 넓게 퍼져 나갑니다. 희미하더라도
손전등의 빛이 조금이라도 비치는 범위는 매우 넓습니다. 원뿔의 밑
면 전체에 해당합니다. 이는 앞서 설명한 다양한 미래의 가능성을
의미합니다. 원뿔의 중심에서 벗어날수록 일어날 확률이 낮고 황당
한 내용이 포함된 미래의 상상입니다. 이를 통틀어 '상상할 수 있는
미래'라고 합니다.

　　손전등의 중심부에는 가장 빛이 밝게 비치는 부분이 있습니다.
원뿔의 밑면 중심에 해당합니다. 이는 현재 생각해보았을 때 가장
실현될 가능성이 큰 미래의 상상입니다. 이를 '가능(유력) 미래'라고
합니다.

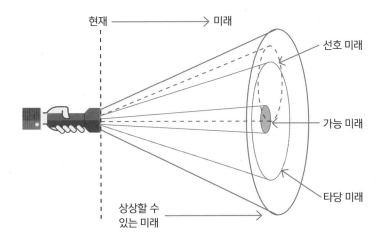

현재 ————————→ 미래

선호 미래

가능 미래

타당 미래

상상할 수
있는 미래

'상상할 수 있는 미래' 중에서 매우 황당한 내용을 제외하고 논리적으로 타당한, 그럴 법한 미래의 상상들을 모은 것을 '타당 미래'라고 합니다. 이는 가능 미래보다 다소 지름이 좁은 원뿔의 밑면을 가리킵니다.

여러분이 소망하고 이루어지기를 바라는 미래는 '선호 미래'라고 부르며 그것은 '가능(유력) 미래'와 '상상할 수 있는 미래' 사이의 어디에선가 찾아낼 수 있습니다. 각자의 '선호 미래'가 원뿔의 밑면 어디에 위치하는지는 개개인의 흥미와 적성, 선호에 따라 제각각이겠지만, 결코 '상상할 수 있는 미래'의 범위를 벗어날 수는 없습니다.

여러분에게 있는 손전등이 크고 밝게 빛날수록 손전등의 빛이 만드는 원뿔의 밑면은 크고 밝아집니다. 여러분이 '상상할 수 있는 미래'의 크기가 커진다는 뜻입니다. 다양한 미래를 고민하고 상상할수록 여러분이 찾아내고 꿈꿀 수 있는 '선호 미래'는 더 크고 넓어집니다.

우리가 어른이 되면
무얼 하며 살까?

 인생은 속도가 아니라 방향이다.
– 괴테

별이   22번 안녕! 지난번에 안 와서 걱정했어.

22번   별이 안녕.

유준   무슨 일 있었어?

22번   내 TTX가 망가져서.

만세   티티엑스?

22번   그러니까…… 자가용 같은 건데.

별이   자가용?

유준   면허가 없잖아.

22번   다섯 번 떨어지긴 했어도 결국 땄지. 최연소 TTX 면허 보유
　　　 자라고.

만세	22번, 괜찮아? 티티엑슨가 뭔가가 아니라 머리를 다친 거 아냐?
22번	그러니까…….
별이	쌤, 오셨다!

(미래쌤이 들어온다.)

미래쌤	안녕하세요.
모두	안녕하세요!
미래쌤	오늘은 22번도 왔네요. 반갑습니다.
22번	네, 쌤. TTX가 망가져서.
만세	쌤, 신경 쓰지 마세요. 22번 잠이 덜 깼대요.
별이	나도 면허 따고 싶다.
미래쌤	별이는 면허 따면 뭘 하고 싶나요.
별이	저는 전국 일주할 거예요. 바닷가 따라서 드라이브도 하고, 맛집도 찾아다니고, 여행지에서 찍은 사진으로 사진집도 만들고요.
미래쌤	생각만 해도 기분이 좋아지네요.
별이	여행지에서 쌤한테도 엽서 쓸게요.
미래쌤	기대하고 있을게요.
만세	요즘 면허 따는 게 어려워졌다는데 김별이가 딸 수 있을까?
22번	TTX에 비하면 자동차는 엄청 쉽지. 별이는 금방 딸 거야.
별이	그렇지?
유준	근데 앞으로는 면허 따는 방법이 완전히 바뀔 수도 있어.

별이 왜?

유준 무인 자동차가 나오니까. 맞죠, 쌤?

미래쌤 유준이가 잘 이야기해주었어요. 무인 자동차는 자율 주행 자동차라고도 하죠. 사람의 조작 없이도 스스로 운전하는 자동차를 말해요.

별이 그럼 진짜 면허가 없어도 되겠네요?

미래쌤 구글에서 자율 주행 기술을 책임지던 크리스 엄슨Chris Urmson은 자기 아들은 면허를 딸 필요 없는 세상을 만들겠다고 말하기도 했어요. 아직까지는 사람이 운전하는 것과 자율 주행, 둘 다 할 수 있는 자동차가 더 보편적이긴 하죠.

별이 자율 주행 자동차가 빨리 나왔으면 좋겠다.

만세 아직은 상상이 잘 안 가는데…… 졸음운전 같은 건 없어지겠지?

별이 음주 운전도.

유준 걱정도 조금 된다.

만세 걱정?

미래쌤 유준이는 뭐가 걱정되나요.

유준 모든 걸 기계가 하면 사람은 뭘 할까? 그런 생각이 들었어요.

만세 자동차가 운전할 동안 자면 되지.

별이 영화를 보거나 책을 읽어도 되고.

유준 택시 운전사나 버스 운전사나 비행기 조종사나 항해사 등 운전하는 직업은 다 없어질 수 있잖아.

별이 헉, 그 생각은 못 했네.

미래쌤 유준이가 말한 대로 자동화에 따른 직업 변화는 전 세계가 겪는 문제이기도 해요.

별이 쌤, 저 무인 자동차 안 할래요. 그냥 면허 딸래요.

만세 우리 삼촌도 버스 운전하시는데 걱정되네.

유준 쌤, 근데 자동차만 그런 게 아니라 모든 직업이 사라질 수도 있지 않아요? 뉴스에서 본 것 같은데.

별이 정말? 난 여행 작가도 하고 싶고, 번역가도 하고 싶고, 수의사도 하고 싶고, 카페 주인도 하고 싶고, 건축가도 하고 싶고, 가수도 하고 싶고, 또……

만세 그사이 더 늘었네.

별이 쌤, 정말 다 없어져요?

미래쌤 별이 표정이 심각하네요. 유준이도 그렇고요. 그럼 같이 이야기해볼까요? 오늘 수업 주제는 미래 직업입니다.

만세 쌤, 빨리 불러주세요.

별이 강만세, 지금 펜이랑 공책 꺼낸 거야?

유준 뭘 적으려고?

만세 쌤이 불러주는 미래 직업 받아 적어야지. 김별이, 차박, 22번, 너희도 빨리 적어.

유준 나는 의사 하고 싶은데.

별이 나도 하고 싶은 거 많은데.

만세   다 없어질 수도 있잖아. 쌤이 안 없어질 거로 불러주실 거야. 맞죠, 쌤?

미래쌤   하하. 만세한텐 미안하지만, 지금부터 이야기할 건 추천 미래 직업은 아니에요.

만세   에이, 적어놓고 아무한테도 안 보여주려고 했는데.

미래쌤   오늘 우리는 사라질 직업, 새로 생길 직업을 함께 찾아보고 앞으로 우리는 무엇을 하며 살지 이야기할 겁니다. 미래를 상상하려면 과거와 현재 사이에 무슨 일이 일어났는지 보면 된다는 것. 기억나나요?

별이   그럼요, 쌤. 20년 후 미래를 상상해보려면 지난 20년의 변화를 먼저 살펴보면 된다고 배웠잖아요!

만세   올!

별이   세 가지 질문, 가끔 해보거든. 텔레비전 볼 때. 옛날 텔레비전은 어땠을까? 할머니는 흑백 텔레비전을 보셨다더라고. 텔레비전에 문도 달려 있었고. 나중에는 어떻게 변할까? 그런 식으로 상상하면 재밌어.

유준   사실 나도 해봤는데.

미래쌤   유준이는 언제 해봤나요?

유준   요새 엄마가 베란다에 텃밭을 만드셨거든요. 저한테도 토마토 모종을 주셔서 키우고 있어요. 엄마는 어렸을 때 할머니, 할아버지 도와서 농사지으셨다는데, 그 이야기를 들으면 미래에는 어떻게 농사를 지을지 궁금해져요.

미래쌤 별이는 과학기술의 변화, 유준이는 농업의 변화를 상상해본 거네요. 훌륭합니다.

만세 실은 나도…….

별이 강만세도?

만세 축구 하다가. 근데 축구는 사람 다리가 두 개인 한 똑같을 듯. 발로 차고, 골 넣고.

별이 그런가?

미래쌤 만세 말처럼 사람이 하는 축구는 크게 변하지 않았을 수도 있겠네요. 대신 로봇 축구 대회는 새로 생겼다고 볼 수 있죠.

만세 로봇이 축구를 해요?

미래쌤 축구뿐 아니라 농구, 권투 등 로봇이 선수로 출전하는 다양한 스포츠 경기가 열리고 있습니다.

유준 나중엔 인간이랑 로봇이랑 같이 축구 하는 거 아냐?

만세 연습 좀 더해야겠군.

미래쌤 사실 지금 여러분이 한 이야기가 다 직업과 관련이 있어요.

별이 우리 무슨 얘기 했지?

만세 축구?

미래쌤 미래 직업을 상상하려면 먼저 '미래 사회'를 상상해봐야 합니다. 어떤 사회냐에 따라 필요한 직업도 달라지니까요. 텔레비전, 농업, 스포츠 등의 미래를 상상해보는 것도 미래 직업과 관련지어 볼 수 있죠.

별이 어, 이거 배운 거 같은데?

유준 네 가지 미래 할 때.

미래쌤 맞습니다. 중단 없는 성장 미래에서 중요한 직업인 기업인은 붕괴 그리고 새로운 시작 미래에서는 중요하지 않을 수 있죠. 반면 농업 기술이 뛰어난 농부는 붕괴 미래와 보존 미래에서는 중요한 직업일 수 있지만 변형 미래에서는 필요하지 않을 수 있고요. 이처럼 미래 직업은 어떠한 미래가 오느냐에 따라 달라집니다.

만세 쌤, 그럼 다시 불러주세요.

별이 또 공책?

만세 앞으로 어떤 미래가 올지 받아 적어야지.

미래쌤 그동안 우리가 했던 수업을 돌아보면서 이야기해보죠. 과연 어떤 미래가 올까요?

만세 그걸 우리가 배웠었나?

별이 네 가지 미래는 배웠는데.

만세 음……. 일단 건물이 많아져서 산이 다 없어지고…… 아냐, 자연을 보호할 것 같기도 한데. 아냐, 아냐. 그래도 사람들은 발전하려고 할 거야. 아냐, 아냐, 아냐. 깨끗한 환경이 더 중요하니까…….

별이 미세먼지도 그렇고 무조건 발전만 하진 않을걸.

만세 딱 하나를 말해야 해요?

유준 쌤, 정답은 없다고 하셨잖아요.

별이 맞다, 다양한 미래. 퓨쳐스.

만세 내 말이.

미래쌤 여러분 말처럼 아직은 정확히 어떤 미래가 올지는 아무도 모르죠. 그럼 그냥 미래를 생각하지 않고 살면 되겠죠?

만세 에이, 쌤. 왜 이러세요!

미래쌤 어떤 미래가 올지 모르니까, 우리가 할 수 있는 것도 없는 거 아닌가요?

별이 쌤, 그렇다고 가만히 있으면 어떡해요. 여러 가지 미래를 상상해봐야죠.

미래쌤 여러 가지 미래를 상상하면 뭐가 좋죠?

유준 하나만 생각하다가 다른 미래가 오면 좌절할 수도 있잖아요.

별이 맞아요. 만약 내가 원하는 미래가 오지 않더라도 다양한 미래를 상상해본 사람들은 다시 일어설 수 있지 않을까요?

만세 멘붕한 애들한테 어깨 툭툭 쳐주면서, "걱정하지 말게, 친구. 또 다른 미래가 오니까!" 이러면서. 캬! 멋있다.

별이 미래 수업은 다 좋은데 강만세 상상력이 풍부해진 건 문제야, 문제.

유준 근데, 아무래도 쌤이 우리 놀리는 것 같은데.

만세 이거 시험 보는 건가?

213

별이 　정말?

미래쌤 　하하. 시험은 아니고요. 여러분이 어떻게 생각하는지 궁금해
　　　서 모르는 척 물어봤어요. 열심히 수업한 보람이 있네요. 더
　　　가르칠 게 없을 것 같은데요.

만세 　휴, 시험 보는 줄.

미래쌤 　자, 그럼 걱정은 잠시 접어두고, 직업의 변화를 이야기해볼까
　　　요. 우리가 배운 세 가지 질문에 따라 해보죠. 먼저 계속 있을
　　　직업은 뭐가 있을까요?

별이 　의사, 대통령, 선생님, 변호사, 작가, 패션 디자이너…….

만세 　축구 선수, 프로게이머, 컴퓨터 프로그래머…….

유준 　저는 그냥…… 다 없어질 것 같아요.

미래쌤 　왜 그렇게 생각하나요?

유준 　그냥…… 인공지능이 나오면 뭐든 기계가 더 잘할 것 같아요.

별이 　무섭다.

만세 　차박, 의사까지 없어지면 어쩌려고.

별이 　예술가는 살아남지 않을까?

유준 　인공지능 예술가도 있더라고.

별이 　그럼 우린 무슨 일을 하며 살지?

미래쌤 　실제로 2016년 스위스 다보스포럼Davos Forum에 모인 전문가
　　　들은 전 세계 7세 아이들의 65퍼센트는 지금 없는 직업을 가
　　　지게 되리라고 예측했어요. 지금 하고 싶은 게 있더라도 미래

에는 없어질 수 있고, 지금은 알지 못하지만 하고 싶은 일이 새로 생길 수도 있습니다. 늘 그렇지만 정답은 없어요.

별이 하긴 대학 갔다가 중간에 과가 없어져서 다른 과로 바꾼 언니도 아는데.

미래쌤 대학의 학과 변화도 사회 변화를 반영합니다. 직업과도 관련이 많고요. 이번에는 사라진 직업을 더 이야기해보죠. 뭐가 있을까요?

유준 생각나는 게 하나 있긴 한데. 엄청 옛날 직업도 괜찮아요?

미래쌤 그럼요. 뭐가 있을까요?

유준 물장수요.

만세 아! 정수기 필터 가는 거? 그게 없어졌나?

유준 아니, 양동이에 물 넣어서 짊어지고 집마다 돌아다니면서 파는 거.

별이 아! 사진으로 본 거 같아.

미래쌤 맞습니다. 과거에는 사람들에 필요한 식수를 길어다가 파는 물장수라는 직업이 있었죠. 이 직업은 왜 없어졌을까요?

별이 음…… 옛날에는 집마다 수도가 없어서 그랬을 것 같아요.

미래쌤 별이가 잘 말해줬어요. 상수도 시설이 갖춰지기 전에는 물장수에게서 맑은 물을 사 먹어야 했죠. 지금은 집집이 수도가 있고 자유롭게 물을 사용할 수 있지만 한편으로는 생수를 사 먹는 문화도 생겼습니다. 물마다 상표도 있고요.

유준   그런 거 보면 나중에는 공기도 사다 숨 쉴 수도 있을 것 같아.

별이   맞아. 제주도 공기, 백두산 공기, 알프스 공기…… 이렇게.

만세   아, 생각났다!

별이   깜짝이야.

만세   버스 안내양!

별이   드라마에서 본 거 같다.

유준   나도. 근데 무슨 일 하는 사람이지?

만세   직업 이름은 아는데 무슨 일 했는지는 잘 모르겠어.

미래쌤   만세가 말한 것처럼 버스 안내양도 사라진 직업 중 하나죠. 1960년대부터 80년대 후반까지 있었던 직업입니다. 승객의 승차를 돕고, 버스비를 받고, 정류소 안내도 해주는 일을 했죠.

별이   버스에서 안내할 게 있어요? 벨 누르면 아저씨가 세워주잖아요.

미래쌤   당시에는 정류소 안내 방송이나 벨이 없었어요. 차비를 받는 시스템도 지금처럼 갖춰져 있지 않았고요. 모든 일을 사람이 해야 했고, 그만큼 버스 안내양의 역할이 중요했던 거죠.

만세   버스 운전하시는 삼촌이 요즘은 현금 내는 사람도 거의 없다고 하시더라고요.

미래쌤   맞습니다. 교통 관련 시스템도 계속 바뀌고 있어요. 교통카드로 간편하게 차비를 낼 수 있게 됐고, 환승 시스템도 갖춰졌죠. 버스 안내양 이전 시대까지 살펴보면 인력거꾼, 마부도 교통과 관련해서 사라진 직업이라고 할 수 있어요. 하지만 무언가 사라지면 반드시 대체할 것이 생긴다고 했죠. 이런 직업들이 사라진 대신 어떤 직업이 생겼을까요?

유준　버스 안내양은 기계로 대체된 거 아니에요?

만세　그럼 새로 생긴 게 없는 건데.

미래쌤　버스 안내양이라는 직업만 보면 사라진 거 같지만, 교통과 관련된 새로운 직업이 많이 생겼죠.

별이　아! 신호등을 만드는 직업.

만세　신호등?

별이　차가 많아지면 신호등도 많아져야 하고 길도 넓어져야 하니까, 뭔가 생기지 않았을까?

미래쌤　맞습니다. 교통 변화에 따라 도시 기획이 새롭게 이루어져야 했고 관련 직업도 생겨났죠. 교통안전과 관련한 직업도 있을 거고요.

별이　하긴 버스에 안내 방송 나오고, 벨이랑 교통카드 시스템도 생겼으니까 이거랑 연결된 직업이 생겼을 것 같아.

만세　버스 전문가?

유준　각종 기계 전문가 아닐까?

미래쌤　그럼 이어서 새로 생긴 직업을 이야기해볼까요?

유준　교통하니까 생각난 건데 드론이요.

별이　드론? 그런 직업이 있었나.

유준　그러니까, 드론…… 조종사요.

미래쌤 드론 조종사. 드론 기술과 함께 새로 생긴 직업이죠. 좋습니다.

별이 저는 반려동물 관련 직업들이 생각나요. 동물이랑 소통해서 사람이랑 잘 어울리게 해주는 직업도 있고, 장례식 치러주는 직업도 생겼어요.

미래쌤 맞습니다. 동물에 대한 인식도 계속 변화하고 있죠. 동물 복지와 관련한 이야기도 나오고요. 2014년부터는 동물등록제가 의무적으로 시행되고 있어요. 애완동물에서 반려동물로 부르는 말이 바뀐 것도 예뻐하며 기르는 동물에서 함께 사는 동물로 인식이 변화한 것을 보여줍니다.

만세 쌤! 저도 생각났어요. BJ요!

미래쌤 그렇죠. BJ^{Broadcast Jockey}도 새로운 직업이에요. 예전에는 방송국을 통해서만 방송할 수 있었는데 이제는 누구나 집에서도 1인 방송을 송출할 수 있습니다. 인터넷 발달로 말미암아 생긴 대표적 직업입니다.

별이 쌤, 제 친구는 혼자서 노래 만들고 집에서 녹음도 하는데, 내년에는 앨범도 낼 거래요. 자기가 싱어송라이터라나 뭐라나. 노래 만들면 인터넷에 올리는데, 외국인들도 댓글을 달더라고요. 그걸 보니까 저도 음악 해보고 싶어서 용돈 모으고 있어요. 기타 사려고요!

미래쌤 별이 말처럼 1인 방송뿐 아니라 혼자서 하는 출판, 혼자서 내는 앨범처럼 1인 미디어도 증가하고 있어요. 자신이 만든 콘텐

츠로 인터넷을 통해서 전 세계 사람들과 소통할 수도 있고요.

만세 근데 김별이가 노래는 좀 하니까 나름 괜찮을 듯.

별이 웬일이야?

만세 춤은 추지 마.

별이 내 춤이 어때서.

만세 오징어 굽는 줄.

별이 개다리 춤보다는 낫지.

만세 개다리가 낫지!

별이 오징어는 다리가 많잖아!

만세 헐.

미래쌤 만세와 별이는 오늘도 역시 사이가 좋네요.

만세, 별이 쌤, 절대 아니거든요!

미래쌤 하하. 수업 시작할 때보다는 다들 밝아진 거 같네요. 수업을 마무리하기 전에 눈을 감고 미래를 상상해보려고 해요. 그럼 잠시 눈을 감아볼까요?

(다 함께 눈을 감는다.)

22번 강만세, 한쪽 눈만 감으면 어떡해?

만세 어떻게 알았어?

미래쌤 이제 조용히 눈을 감고, 자신의 미래를 상상해보는 시간을 갖겠습니다. 20년 후, 어른이 된 여러분의 모습을 그려보세요. 나는 어떤 일을 하며 살까? 어떤 사람들과 어울리고 어떤 곳에서, 어떤 것을 기대하며 살까?

(잠시 후)

미래쌤 자, 이제 눈을 떠보세요. 눈을 감았을 때 뚜렷한 모습이 떠오르는 사람도 있고, 그렇지 않은 사람도 있을 거예요.

만세 쌤, 저는 진짜 아무것도 안 떠올랐어요.

별이 나도 막상 눈 감으니까 캄캄.

미래쌤 괜찮아요. 아직 시간은 충분하니까요. 앞으로 여러분이 채워 나가면 되겠죠. 프랑스 철학자 미셸 세르Michel Serre는 여러분 같은 엄지 세대는 평균 열아홉 개의 직업을 가진다고 했어요. 지금은 상상할 수도 없을 만큼 무한한 가능성이 여러분 앞에 펼쳐져 있는 거죠.

만세 열아홉 개! 한 개도 없는데.

유준 나는 한 개.

별이 나는 또 바뀔 것 같아.

22번 나도.

미래쌤 이제 마칠 시간이 된 것 같은데요. 다음 시간은 우리 수업의 마지막 시간입니다.

별이 정말요? 안 돼요, 쌤.

유준 아직 더 배워야 할 것 같은데.

만세 쌤, 그럼 이제 안 오세요?

미래쌤 아쉬워하는 만큼 이번에는 숙제를 하나 내줄게요.

별이   헉.

22번   숙제는 영원하군.

유준   더 배워야 한다는 거 취소.

만세   갑자기 하나도 안 아쉽다.

미래쌤 하하. 어려운 건 아니에요. 숙제는 '나의 꿈'을 생각해오기입
       니다.

별이   생각이요?

유준   생각만 해오면 돼요?

미래쌤 네, 충분히 생각해서 다음 시간에 들려주세요.

별이   쉬운 것 같으면서 갑자기 어렵네.

만세   차박 꿈은 의사잖아. 숙제 끝.

유준   음……, 잘 모르겠어.

만세   잘 모르겠다니?

별이   설마 꿈이 바뀐 거야?

유준   그런 건 아닌데…….

미래쌤 자, 오늘도 모두 수고 많았습니다. 다음 시간에 만나요!

별이   벌써 아쉬워요, 쌤.

22번   (훌쩍훌쩍) 자꾸 콧물이 나오네.

미래쌤 아직은 끝이 아니랍니다.

모두   네, 쌤. 안녕히 가세요!

함께하는 미래 수업 ▸▸

사회가 변하면 직업도 변화해요. 직업이란 그 사회가 필요로 하는 일을 의미하거든요. 어떤 직업이 사라진다면 그 사회가 변화했다는 것을 의미하죠. 수도 시설이 보급된 뒤 물장수가 사라지고, 자동차가 생겨난 뒤 마부들이 사라진 것처럼요.

다음은 역사 속에서 사라진 직업들입니다. 이중 마음에 드는 것을 하나만 골라 왜 사라졌는지 이유를 적어볼까요? 그리고 우리가 배운 것을 활용해봅시다. 무언가 사라질 땐 그것을 대체할 새로운 게 생긴다는 것, 기억하죠? 사라진 이유와 대체 직업을 적었으면, 그로 인해 새롭게 생길 미래 직업도 생각해보세요.

사라진 직업들

> 가로등 점등사, 광대, 굴뚝청소부, 극장 간판 그리는 사람, 대장장이, 두부장수, 마부, 만담가, 문선공(타자가 없던 시절 인쇄용 활자를 골라내던 사람), 물장수, 버스안내원, 변사(무성영화 해설자), 보부상, 손세탁원, 우산 수선원, 얼음장수, 유모, 인력거꾼, 전차 운전사, 전화교환원, 쥐잡이, 타자수, 훈장

내가 선택한 사라진 직업:
사라진 이유:
대체된 직업:
관련하여 새롭게 생길 직업:

미래 연구자라는 직업도 새로운 직업이라는 것을 알고 있나요? 쌤이 어렸을 때는 이런 직업이 있는 줄 몰랐기 때문에 장래 희망으로 상상해본 적도 없었죠. 여러분의 미래도 그럴 거예요. 어쩌면 지금은 상상도 하지 못할 새로운 직업을 가질 수도 있겠죠. 미래의 변화를 즐겁게 기대해봅시다.

더 알아보기

미래 직업은 어떻게 바뀔까?

미국은 3만 654개, 일본은 1만 7209개, 한국은 1만 1655개. 이 숫자들은 무엇을 가리킬까요? 바로 각국의 직업 개수를 숫자로 나타낸 것입니다(『2011년 직업 사전』 등재 기준). 더 발달한 나라일수록 직업의 종류도 다양함을 알 수 있습니다.

세상의 변화에 따라 우리의 직업 세계도 끊임없이 바뀌고 있습니다. 자동차가 발명되어 마차의 자리를 대신하게 되면서 마차를 끄는 '마부'라는 직업은 사라지고 '택시 운전사'라는 직업이 그 자리를 대신하게 된 것처럼, 이 같은 변화의 주된 요인은 과학기술의 발전입니다. 하지만 과학기술에 의해서만 이런 변화가 일어나는 것은 아니고, 앞서 설명한 STEEP(사회, 과학기술, 환경, 경제, 정치) 각 분야의 변화에 따른 것입니다.

어떤 직업은 사라졌다가 다시 생겨나기도 합니다. 과거 우리나라에는 북청 물장수로 대표되는 '물장수'라는 직업이 있어서 각 가정에 필요한 물을 아침마다 공급하였습니다. 1900년대 초반부터 수도가 보급되면서 물을 파는 직업은 자연스럽게 사라졌습니다(과학기술적·환경적 요인). 하지만 환경오염의 심화로 먹는 물에 대한 걱정이 많아지면서 물을 파는 직업은 '생수 판매', '정수기 대여' 등의 형태로 다시 등장하게 되었습니다(환경적 요인).

법 제도의 변화에 따라 하루아침에 사라진 직업도 있습니다. 1960년대 도입되어 한때 젊은 여성의 선호 직업이었던 '버스 안내양'은 전성기에 3만여 명에 달했었지만, 1980년대 중반 '시민자율버스제'가 도입되면서 4~5년 만에 모두 사라지기도 했습니다.

그렇다면 앞으로 새롭게 생길 직업은 어떤 것이 있을까요? 2016년에 열린 세계경제포럼 총회에서는 현재 어린이가 성인이 될 무렵에는 65퍼센트 이상이 지금은 없는 새로운 직업을 가지리라고 예측하기도 했습니다. 미래를 예언하기가 불가능한 것과 마찬가지로 앞으로 어떤 직업이 생기고 사라질지 예측하기는 쉽지 않습니다만, 최근의 몇 가지 흐름은 다음과 같습니다.

첫 번째는 인공지능과 로봇의 발달에 따른 직업의 변화 가능성입니다. 옥스퍼드대학 연구팀의 연구 결과에 따르면 인공지능의 발달로 말미암아 향후 20년 내 주요 직업의 절반 정도가 사라질 것으로 예측했습니다. 사라질 가능성이 큰 직업은 텔레마케터(99%), 시계 수선공(99%), 스포츠 심판(98%), 회계사(94%)와 같은 규칙에 따른 계산이나 분석 능력이 필요한 직업입니다. 반면 레크리에이션 지도사(0.2%), 사회복지사(0.3%), 초등학교 교사(0.4%), 패션 디자이너(2.1%)와 같은 사람들 사이에서 복잡한 교감이 이뤄져야 하거나 창의적인 능력이 필요한 분야의 직업은 사라지지 않으리라고 예측하였습니다. 하지만 최근 인공지능 발달의 속도가 빠르고 예술이나 연구와 같은 창의적인 분야에서도 인공지능을 도입하려는 연구가 활발히 이루어지고 있어서 이 같은 전망은 그야말로 단순히 전망일 뿐입니다. 또한 최근 연구에 따르면, 인공지능이 인간의 직업을 대체하는 속도가 생각만큼 빠르지 않을 거라는 상반된 예상도 있습니다.

20년 내 없어질 가능성이 큰 직업 순위(「영국 고용기술위원회 분석 보고서」)

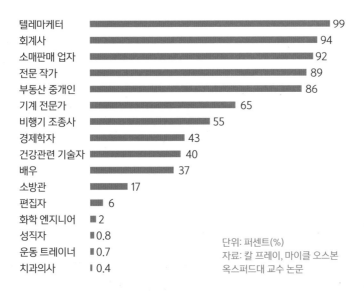

직업	퍼센트(%)
텔레마케터	99
회계사	94
소매판매 업자	92
전문 작가	89
부동산 중개인	86
기계 전문가	65
비행기 조종사	55
경제학자	43
건강관련 기술자	40
배우	37
소방관	17
편집자	6
화학 엔지니어	2
성직자	0.8
운동 트레이너	0.7
치과의사	0.4

단위: 퍼센트(%)
자료: 칼 프레이, 마이클 오스본
옥스퍼드대 교수 논문

두 번째 경향은 인구구조의 변화에 따른 직업의 변화 가능성입니다. 우리나라는 2017년부터 생산가능인구가 줄어드는 등 급격한 고령화가 진행되고 있습니다. 젊은 세대가 더 많은 노령층을 부양해야 하며 노인이 나이가 들어서도 계속 일해야 하는 부담으로 다가올 수도 있지만, 한편으로는 지금 여러분의 선배가 겪는 치열한 취업 전쟁이 사라질 가능성을 보여주는 것이기도 합니다. 인구구조 변화에서 우리를 앞서가는 일본의 최근 수년간 경향을 보면 젊은 층의

취업 기회가 확대되었습니다. 조금 과장해서 말하자면 회사를 골라갈 수 있는 상황이 되었고, 이는 최근 일본 경제의 선전에 많은 영향을 주고 있다고 합니다.

기존의 직업 선택이 각종 검사를 통해 나의 적성·흥미를 찾고 기존의 직업 중에서 나에게 잘 맞는 직업을 장래 희망으로 선택하여 그 직업을 가지고자 필요한 것들을 공부하는 과정이었다고 한다면, 앞으로 여러분의 직업 선택은 치열한 경쟁과 끊임없는 사회·직업 세계의 변화 속에서 자기 진로를·창의적으로 개발하고 그것을 끊임없이 발전시켜 나가야만 하는 어려움에 부닥치게 되었습니다.

하지만 그 와중에서도 변하지 않는 것이 있다면 직업 선택의 기준이라 할 수 있습니다. 「2014년 청소년 통계」에 의하면 청소년들이 미래 직업 선택을 선택하는 주요 기준은 적성과 흥미(34.2%), 수입(27%), 안정성(21.3%), 보람(6.4%), 명예(3.6%) 순입니다. 내가 좋아하는 일을 하면서도 안정적인 수입을 얻는 것, 보람도 있고 남들도 알아주는 직업을 선택하는 것은 쉽지 않겠지만 여러분 모두가 나만의 꿈을 찾을 수 있으리라 믿습니다.

청소년의 미래 직업 선택 요인 (통계청, 「2014 청소년 통계」)

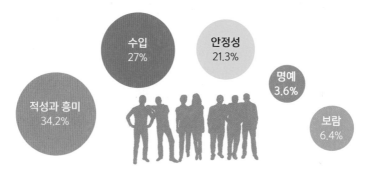

내가 소망하고 꿈꾸는
미래가 오게 하려면

사람들은 존재하는 것을 보며 "왜지?"라고 말한다.
나는 존재한 적이 없는 것을 꿈꾸며 "왜 안 돼?"라고 말한다.
– 조지 버나드 쇼

별이   우리 오늘 너무 빨리 온 거 아냐?

유준   만세가 제일 일찍 왔어.

별이   미래쌤 보고 싶어서?

만세   아니, 그게 아니고, 그냥 뭐 할 일도 없고.

별이   실은 나도 일찍 오고 싶더라고.

유준   나도.

별이   마지막이라니 기분이 이상해.

22번   응, 정말.

만세   22번, 오늘따라 눈이 빨갛다?

        (미래쌤이 들어온다.)

미래쌤 안녕하세요.

별이 안녕 못 해요, 쌤.

미래쌤 왜요?

별이 마지막이잖아요. 아쉬워요!

미래쌤 저도 아쉬워요.

유준 수업 더 해주시면 안 돼요?

미래쌤 수업은 오늘이 마지막이지만, 미래에 대해 궁금한 게 생기면
언제든 연락해요.

만세 정말요? 쌤 있는 곳으로 찾아가도 돼요?

미래쌤 좋지요. 연구소로 놀러 오세요.

별이 와! 진짜 갈래요.

만세 후후.

유준 저 공책에 적었어요.

미래쌤 기다리고 있겠습니다.

모두 넵!

미래쌤 지난 주 숙제 내준 거 기억하나요?

유준 꿈을 생각해보라고 하셨어요.

만세 맞다. 나 어제 엄청 긴 꿈 꿨는데.

미래쌤 어떤 꿈이었나요?

만세 미래였던 것 같아요. 기억이 잘 안 나네.

별이 강만세, 쌤 숙제는 그 꿈은 아닐걸.

만세　꿈속에서 꿈을 발견할 수도 있잖아.

유준　뭔가 그럴듯한데…….

별이　무슨 말인지는 모르겠어.

만세　나도.

미래쌤　하하. 그럼 각자 자기가 생각하는 꿈을 이야기해볼까요?

모두　…….

미래쌤　누가 먼저 이야기해볼까요?

만세　차박이요!

유준　나부터?

만세　꿈이 확실하잖아. 나는 일단 어제 꾼 꿈부터 생각해보고.

별이　차박, 부탁해.

유준　제 꿈은…….

만세　의사잖아.

별이　닥터 차, 잘 어울려.

유준　근데…….

만세　근데?

유준　생각을 좀 해봤는데…….

별이　생각을?

유준　꿈에 대해서 생각해봤어요. 수업하면서 "나는 왜 의사가 되고 싶지?" 하는 의문이 들었었거든요. 네 가지 미래에서 의사 역할이 다 다른데, 어느 미래의 어떤 의사가 되면 좋을까? 어쩌

면 로봇을 치료해줘야 할 수도 있고, 로봇 의사랑 같이 일해야

할 수도 있고, 몸이 아니라 마음을 치료해줘야 할 수도 있고,

아예 의사가 필요 없을 수도 있는데…….

별이　그래서 꿈이 바뀐 거야?

유준　부모님도 항상 의사가 됐으면 좋겠다고 하셨으니까. 한 번도

제대로 생각해본 적은 없었거든.

만세　웰컴 투 노 꿈 월드.

별이　노 꿈?

만세　꿈 없는 애들을 위한 나라.

유준　중간에 좀 흔들리긴 했어. 근데…….

별이　다른 꿈을 찾았구나! 웰컴 투 메니메니 꿈 월드.

만세　메니메니 꿈?

별이　꿈 많은 애들을 위한 나라.

유준　결론은…….

만세, 별이　결론은?

유준　내 꿈은 아픈 존재를 고쳐주는 사람.

만세　그게 의사 아냐?

유준　의사는 의사인데 사람을 비롯한 로봇이든 동물이든 식물이든

사람이 아닌 존재라도 아프면 뭐든 고쳐주는 일을 하고 싶다

는 생각이 들었어. 실은 어릴 때 같이 살던 개 홍시가 하늘나

라로 갔을 때, 의사가 되고 싶다는 생각을 처음 했었거든.

별이 오! 어쩐지 좀 멋있는데?

만세 나도 심쿵했다.

미래쌤 유준이의 꿈 정말 멋진데요. 의사라는 직업이 유준이 덕분에 더 넓어진 것 같네요. 의사라는 직업이 유준이의 마음과 생각을 거쳐서 특별한 꿈으로 바뀌었어요. 발표 잘해주었어요.

별이 쌤, 이번엔 제가 해볼게요.

만세 하나 골랐어?

별이 쌤, 제 꿈은요, 직업은 아니에요.

만세 어? 그래도 괜찮아요, 쌤?

미래쌤 그럼요. 유준이처럼 직업이 꿈일 수도 있지만 꿈이 꼭 직업일 필요는 없죠. 첫 수업 시간에도 말했지만, 꿈은 정확한 목적지가 아니라 방향이니까요.

별이 네, 쌤. 그래서 제 꿈은……. 웃으시면 안 돼요.

만세 얼굴 보지 말아야지. 김별이는 얼굴이 제일 웃기니까.

22번 음……, 내가 보기에는 만세가 조금 더…….

유준 흐흐.

별이 아무튼 제 꿈은요, 카멜레온이에요.

유준 카멜…….

만세 레옹?

별이 레옹이 아니라 레온. 카멜레온.

유준 색깔 바뀌는 도마뱀 같은 거?

만세 김별이, 동물을 그렇게 좋아하더니 진짜 동물이 되려는 거야?

유준 음……, 미래에는 가능할지도. 의사 일이 하나 더 늘 수도 있겠다. 사람을 동물로 변신시켜주는 일.

별이 아니, 진짜 카멜레온이 되겠다는 게 아니라…….

만세 크기는 얼마만 한 거야? 지금 크기로 카멜레온?

유준 킹킹 카멜레온이다.

별이 어휴, 진짜 카멜레온이 아니라 변신하는 능력!

만세 변신?

별이 응. 카멜레온은 주위 색을 빨아들여서 자기 몸 색깔을 바꾸잖아. 그런 것처럼 나도 어떤 상황에서든 주위에 자연스럽게 녹아들 수 있는 사람이 되고 싶다고.

유준 아! 이제 이해했어.

별이 쌤, 이것도 꿈이 될 수 있어요?

만세 진짜 카멜레온이 더 재밌는데. 동물로 변할 수 있으면 나는 용 하려고 했어.

미래쌤 카멜레온처럼 어떤 상황에서든 자기 모습을 변화시킬 수 있는 사람. 너무 멋진 꿈인데요?

별이 꿈 되는 거죠?

미래쌤 별이가 꿈을 이룬다면, 우리가 배운 네 가지 미래 중 어느 미래가 와도 잘 적응하고 즐겁게 지낼 수 있겠죠. 별이다운 꿈이네요.

별이 네, 쌤. 원래는 직업 중 하나를 고르려고 했는데, 도저히 하나

만 고를 수가 없었거든요. 그리고 미래에는 여러 가지 직업을
가질 거라고 하셨잖아요. 그래서 정했어요. 카멜레온!

미래쌤 어떤 색으로든 변할 수 있는 별이의 꿈. 쌤도 응원할게요.

별이 숙제 끝!

유준 이제 만세 차례인데.

미래쌤 만세도 발표해줄 수 있나요?

만세 아!

별이 아?

유준 아……저씨?

별이 설마 아저씨가 꿈은 아니겠지.

유준 아니면, 아……주머니?

별이 킥킥.

만세 그게 아니라, 어젯밤 꿈이 생각났어!

유준 무슨 꿈인데?

만세 그러니까 내가 어떤 큰 건물로 들어갔거든. 그 안은 막 미로처럼 돼 있고. 근데 나는 그 꼬불꼬불한 길을 척척 찾아가고.

별이 일단 용은 아니군.

만세 위로도 가고, 아래로도 가고, 옆으로도 가고. 지금이랑은 아주 달랐어. 빨간색 문은 공중에 둥둥 떠 있어서 거길 열고 들어갔더니…….

별이 설마 귀신이?

만세 음……, 귀신은 아니고 엄청 파란 바다랑 눈 쌓인 산이랑 과자로 만든 집이랑 초콜릿 강이랑, 아, 용도 있었어!

별이 건물 안에?

유준 개꿈 같다.

만세 좀 더 들어봐. 공중에 금빛으로 반짝반짝 빛나는 구멍이 하나 있었는데, 그 안을 들여다봤거든. 근데 거기에…….

별이 개꿈인데 흥미진진.

만세 거기 또 다른 세계가 보이더라고.

별이   또 다른 세계?

만세   누가 있었는데……. 어디서 많이 본 사람.

유준   너?

만세   나?

유준   영화 보면 다른 우주에 나랑 똑같은 사람이 살고 있고 그렇
      잖아.

별이   도플갱어!

만세   아냐. 내가 아니라 누구더라……. 아!

별이   누군데?

만세   너.

22번   나?

만세   맞아. 22번이 있었는데, 무슨 기계 같은 걸 고치고 있었어.

별이   개꿈이네.

만세   얘기하다 보니까 개꿈 같긴 하다. 암튼 노랑, 보라, 초록 연기
      가 뭉게뭉게 올라오고, 무슨 과학 실험실 같은 곳에서 22번이
      뭔가를 고치고 있었지. 거기에 영어가 쓰여 있었는데……, 티
      티…… 뭔데.

22번   (만세에게 속삭이며) TTX.

유준   그게 만세의 꿈?

만세   그게 끝이 아니고…….

별이   아직 안 끝났어?

만세   내가 무슨 연구를 하고 있었거든.

별이   설마.

유준   닥터 강?

만세   나도 믿을 수 없긴 한데.

미래쌤 만세의 꿈속의 꿈은 연구자였군요.

유준   22번 연구?

만세   아니. 생각해보니까, 미래를 보고 있었던 거 같아.

별이   미래를?

만세   우리가 수업에서 상상했던 것들이 꿈속에 다 나왔어.

별이   강만세가 미래쌤?

만세   오, 나 미래쌤 되는 거?

유준   미래 연구자?

만세   진짜 꿈속에서 꿈을 찾다니. 와!

미래쌤 미래 연구를 하는 만세. 기대되는데요?

만세   역시 꿈은 꿈속에서.

별이   나도 오늘 일찍 자야지. 꿈꾸게.

유준   근데 은근 잘 어울린다, 만세랑.

미래쌤 여러분의 꿈 하나하나가 다 멋지네요. 덕분에 마지막 수업을
       잘 마무리할 거 같습니다.

유준   쌤, 정말 끝난 거예요?

별이   안 돼!

미래쌤 한 가지 질문만 더 하고 수업을 마치려고 해요.

별이 쌤, 두 개 해도 되는데. 아니, 열 개요!

만세 열 개는 너무 많고, 아홉 개요!

미래쌤 하하. 여러분만큼이나 저도 무척 아쉽습니다. 매 수업이 저에게도 즐겁고 의미 있는 시간이었어요. 먼저 그동안 해온 수업을 돌이켜볼까요? 그동안 우리는 멀리 보는 연습을 했어요. 엉뚱한 상상도 하고, 과거에 있었던 일을 살펴보기도 하고, 네 가지 미래도 배웠고요. 오늘은 꿈 이야기도 나누었습니다. 이제 현재에서 다시 출발해보려고 해요. 미래 수업에서 발견한 소망하는 미래, 꿈을 위해 우리가 살아가는 일상부터 다시 시작하는 거죠. 제 마지막 질문은 이거예요. 당장 내일부터 여러분이 자신의 꿈이나 살고 싶은 미래 사회를 위해 무슨 일을 할 수 있을까요?

별이 할 수 있는 거?

미래쌤 거창한 것이 아니라도 괜찮아요. 정말로 내가 할 수 있는 걸 이야기해보세요.

만세 다시 자야 하나.

유준 다른 꿈 꾸는 거 아냐?

만세 그러게. 빨리 꿈 조절기가 나와야 할 텐데.

유준 오늘부터 뭘 할 수 있지?

별이 소소한 거라면……, 쌤, 생각났어요.

미래쌤 네, 그럼 별이부터 이야기해볼까요?

별이 저는 새 친구를 사귈 거예요. 어떤 미래가 와도 잘 변하려면 다양한 사람을 만나보는 게 좋지 않을까요?

미래쌤 좋은 생각이네요. 그럼 새 친구를 어디서 만날 수 있을까요?

별이 그건 생각 안 해봤는데.

미래쌤 멀리서 찾는 것도 좋지만 곁에 있는 친구 중에 별이와 성격이 다른 사람과 친해져 보는 것도 한 방법이겠죠.

유준 만세?

별이, 만세 차박, 괜찮거든!

미래쌤 두 사람은 지금도 제일 친하죠.

별이, 만세 쌤, 저희 안 친해요!

유준 호흡도 딱딱 맞네.

별이 암튼 쌤, 저는 다양한 사람을 많이 사귀어볼래요. 여행도 다니고요!

미래쌤 좋습니다. 다양한 사람을 만나고, 낯선 공간을 여행한다면 카멜레온처럼 어디서든 적응하는 능력이 생길 거예요. 무지개처럼 변신하는 별이. 내일부터 시작이네요. 자, 이번에는 누가 발표해볼까요?

유준 쌤, 저도 생각났어요. 저는 병원에 견학 가볼래요. 의사 선생님들도 인터뷰해보고, 어떤 직업인지 더 알아보려고요.

미래쌤 정보를 수집하는 것도 좋은 방법이겠네요.

유준	그리고 로봇 공학자도 만나볼래요.
미래쌤	유준이의 꿈이 점점 뚜렷하게 그려지는 것 같네요. 로봇 공학자와 의사의 만남. 멋진 미래 직업이 될 것 같은데요?
만세	쌤 저는…… 타임머신을 만들어볼래요.
별이	강만세, 너무 많이 나간 거 아냐?
만세	미래 연구를 제대로 하려면 타임머신 정도는 만들어야지.
유준	어떻게?
만세	음……, 상상으로!
별이	그럴 줄 알았다.
만세	꿈을 한 번 더 꿔보면 뭔가 답이 나올지도 몰라.
별이	설마 지금 자는 거야?
만세	(눈을 감고) 뭔가 보이는데.
미래쌤	미래를 상상하고, 꿈도 꾸고. 모두 좋은 실천 방법이에요.
만세	그렇죠, 쌤?
미래쌤	지금처럼 유준이, 별이와 함께 미래에 관해 토론하고 대화를 나누는 것도 좋지요.
별이	원한다면 도와주지.
만세	원한다면 친구가 되어주마.
미래쌤	여러분 모두 꿈과 함께 실천 방법도 잘 찾은 것 같네요. (바다에서 서핑을 즐기는 사람들의 모습을 그린 그림을 보여주며) 이제 마지막으로 보여주고 싶은 그림이 있어요.

240

만세 와, 파도 엄청 크다.

미래쌤 여기 있는 사람들을 보면 큰 파도를 잘 타고 있죠? 이런 파도
를 미래라고 생각해보세요. 바다에 있으면 끊임없이 파도가
치죠. 미래도 마찬가지입니다. 우리가 원하든 원치 않든 반드
시 미래는 오게 되어 있어요. 이때 우리는 미래라는 파도를 탈
수도 있고, 어쩌면 물에 빠질 수도 있어요.

별이 물에 빠지기 싫어요, 수영도 못 하는데.

미래쌤 물에 빠지기보다는 서툴더라도 파도를 타보는 게 좋겠죠?

만세 아무나 탈 수 있을까요?

별이 파도를 잘 타려면 유연해야 할 것 같아요.

유준 운동신경도 좋고.

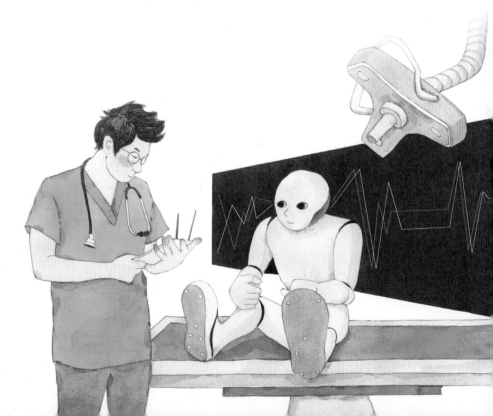

미래쌤 맞습니다. 파도를 잘 타려면 어떤 파도가 오는지 관찰도 잘해야 하고, 유연해야 하고, 균형 감각도 좋아야겠죠. 미래를 준비하는 우리도 마찬가지예요. 잘 관찰하고, 유연하게 대처하고, 다양한 미래 가능성을 생각할 줄 아는 균형 감각도 필요합니다.

만세 쌤, 저는 서핑 한 번도 안 해봤는데.

별이 저도요.

유준 저도.

미래쌤 실은 지난 열 번의 수업을 지나는 동안 여러분은 이미 서핑을 배웠습니다. 파도타기 같은 미래타기를 배운 거죠.

유준 미래타기요?

미래쌤 미래 수업을 하면서 상상하고 관찰하고 토론한 모든 것이 미래라는 파도를 잘 탈 수 있게 해주는 연습이었죠. 지금은 잘 느낄 수 없을지도 모르지만 어른이 되어가면서 미래 수업을 통해 배운 능력들을 자연스레 발휘할 수 있을 거예요.

만세 슈퍼히어로 영화 보면 자기도 모르는 초능력이 갑자기 튀어나오잖아. 그런 건가?

별이 우리가 미래 초능력자?

유준 퓨쳐히어로즈.

미래쌤 하하. 여러분이 어떤 미래를 만나서 어떤 능력을 발휘하게 될지 저도 진심으로 기대됩니다. 그동안 여러분을 통해 저도 많이 배웠어요.

별이   쌤, 진짜 재밌었어요.

만세   쌤, 생각보다 재밌었어요.

유준   쌤, 생각보다 어렵고 재밌었어요.

미래쌤 그동안 고마웠어요. 언젠가 다시 만나요. 미래 수업은 여기서

끝이지만 우리의 미래는 끝이 아니니까요!

별이   쌤, 안녕히 가세요. 그리고 또 만나요!

만세   쌤, 놀러 갈게요!

유준   쌤, 감사합니다!

미래쌤 모두 안녕!

22번   모두 안녕!

함께하는 미래 수업 ▶▶

드디어 마지막 수업이 끝났네요. 끝까지 함께하느라 수고 많았어요. 이제 여러분도 정답 같은 하나의 미래The future가 아닌 무한한 가능성을 지닌 미래들futures에 대해 누구보다 잘 알거라 생각해요. 앞으로 펼쳐질 미래를 두려움보다는 기대로 준비하길 바랍니다.

미래에 대한 상상력, 관찰력, 지식까지 모두 중요하지만 제일 중요한 건 실천입니다. 소망하는 미래를 발견했다고 해도, 그 미래를 위해 아무것도 하지 않으면 바라는 미래는 오지 않겠죠. 실천은 내가 진짜 할 수 있는 것부터 시작하는 것이 중요해요. '청소년을 위한 법을 만들 거야!' 하는 꿈도 좋지만 당장 내일 할 수 있는 것은 아니니까요. 큰 꿈은 내가 미래를 향해 갈 때의 지표로 삼는 것이 좋죠. 실천은 내가 진짜 할 수 있는 것이 좋아요.

자, 그럼 내가 소망하는 미래를 위해 무엇을 할 수 있을까요? 내일부터 할 수 있는 것 다섯 가지를 적어봅시다.

1.
2.
3.
4.
5.

상상보다 실천이 더 어려운 것 같죠? 이제 이 내용을 친구, 가족, 주변 지인들과 나눠보세요. 사람들 앞에서 약속을 해보는 거죠. 미래에 대해 많은 대화를 나누고 함께 상상할수록 미래는 더욱 풍성해진답니다.

더 알아보기

수십억 사람들의 꿈처럼 미래도 무궁무진하다

여러분은 바로 지금 이 대한민국에서 태어나고 싶어서 태어났나요? 그런 사람은 아무도 없을 것입니다. 그래도 태어난 이상, 여러분은 21세기 대한민국 시민으로 사는 삶을 영위해야만 할 것입니다.

　　얼마 전 청년에게 더 치열하게 살기를 당부하는 한 교수의 글과 그 글에 반론을 제기한 다른 교수의 글이 화제가 되었습니다. A 교수는 본인의 어려웠던 시절과 어려움을 극복하고 꿈을 이루고자 기울였던 노력을 이야기하면서, 지금 청년은 훨씬 더 많은 것이 있는데도 그것의 소중함을 모르고 노력하지 않는다고 얘기했습니다. 그에 대해 B 교수는 지금 청년이 A 교수의 어린 시절보다 더 많은 것을 소유하기는 했지만 A 교수의 과거와는 달리 지금의 청년에게는 노력해도 더 나아지리라는 희망이 없다며 이런 환경에 처한 청년에게 무작정 노력만을 강요하는 것은 옳지 않다고 말했습니다. 여러분은 어느 분의 말씀에 더 동의하시나요?

　　시대와 지역에 따라서 각자가 처한 환경과 사회가 추구하는 가치, 내가 바라는 것은 달라질 수 있습니다. 여러분의 부모는 다 같이 못살던 시절에서 시작해서 어렵게 지냈지만, 노력하는 만큼의 수확을 얻을 수 있었던 성장의 시대에 살았습니다. 그분들의 노력으로 여러분은 물질적으로 풍요로운 한국 사회에서 살아가는 축복을 타고났지만, 지금은 그분들이 쏟았던 노력의 수배를 기울여도 그분들만큼의 성취를 얻기는 어렵습니다. 그래서 흙수저가 금수저가 되기는 불가능하다는 말이 나옵니다. 그렇다고 흙수저는 영원히 흙수저로 살아야만 하나요?

앞서 여러분은 네 가지 미래를 배웠습니다. 그중에서 하나쯤은 여러분 마음에 드는 미래가 있을 것입니다. 지금은 마음에 드는 미래가 하나도 없다고 하더라도 이 책을 다 읽고 나서 시간이 흐르고, 더 자라서 이것저것 고민하다 보면 하나쯤 생길 수 있을 것입니다.

여러분이 마음에 든다고 해서 그 미래가 저절로 만들어지나요? 아닙니다. 그럼 그 미래를 만들고자 나만 열심히 노력한다고 해서 그 미래가 만들어질까요? 그것도 아닙니다. 이 세상에는 여러분 혼자만 사는 것이 아니고 수십억 명의 사람들이 모여 살고 있습니다. 그들 모두가 바라는 미래가 다 다를 것입니다. 사람들은 수십억 개의 서로 다른 미래를 꿈꾸고 있습니다. 내가 바라는 미래, 엄마·아빠가 바라는 미래, 언니·오빠·형·누나·동생이 바라는 미래, 친구·이웃이 바라는 미래는 모두 조금씩 다릅니다.

그렇다면 어떻게 해야 내가 원하는 미래를 만들어 나갈 수 있을까요? 서로 소통하고 토론과 합의를 통해서 모두가 원하는 미래의 상을 세우고 그것을 실현하고자 노력해야 합니다. 그 상을 우리는 비전이라고 부릅니다. 앞서 배운 네 가지 미래는 사실은 서로 다른 미래를 꿈꾸는 네 가지 비전이라고 보아야 할 것입니다. 이 네 가지 비전이 서로 앞서거니 뒤서거니 자기가 옳다고 주장합니다. 각각의 미래에 동의하는 사람이 많아진다면 그 미래를 향해 나아가게 될 것입니다. 그때마다 다른 미래를 선호하는 사람들의 불만이 있을 수 있습니다. 그런 불만을 어떻게 해결하고 서로 함께 원하는 미래를 만들어 나가느냐가 세상이 변화하는 과정이라고 봅니다.

비전은 시대 상황에 따라서 달라집니다. 현재 사회가 추구하는 비전을 시대정신이라고 부르기도 합니다. 너무 현재의 시대정신에 매몰되지 말고 자기 힘으로 스스로 앞서서 생각해야 합니다. 세상은 사회의 비전이 끄는 힘과 여러분이 비전이 미는 힘 사이의 힘겨루기에 따라 변화할 수 있습니다.

우리는 미래를 탐색하는 것을 흔히 미래라는 변화의 파도를 타는 것Surf에 비유합니다. 또, 때로는 거대한 세상의 변화에 맞서서 싸워야 할 때Fight도 있습니다. 미래를 탐색하면서 흐름을 타기도 하고 흐름에 맞서 싸우기도 하면서 미래라는 변화를 즐기기 바랍니다. 네 가지 미래를 넘어선 다섯 번째 미래는 여러분이 만들어 나가는 것입니다. 지금부터 내가 원하는 다섯 번째 미래를 만들려면 해야 할 일을 사소한 것들이라도 실천 목록으로 한 번 작성하여 실천해보기 바랍니다. 나와 비슷한 꿈을 품은 사람들과 함께한다면 우리는 반드시 우리가 바라는 새로운 미래를 만들어갈 수 있을 것입니다.

100년 전 학교를 다녀오다
: 22번의 시간 여행 일지

날짜: 2117년 5월 5일 / 날씨: 보랏빛 폭풍, 여름 눈 조금

드디어 역사 숙제가 끝났다. 100년 전을 주제로 에세이를 쓰라니. 안 하려고 아픈 척도 (고열 사탕을 먹고서) 해보고 (가상현실로 도망가서) 바쁜 척도 해봤지만 결국은 쌤한테 붙잡혀 숙제 양만 두 배로 늘어났다. 다른 애들에게는 100년 전 영화나 책을 보고 감상문만 간단히 쓰라고 했으면서, 나한테는 100년 전 학교에 대해서 알아오라나? 그때도 나처럼 공부를 싫어하는 학생이 많았는지 조사해보란다. 과거 애들은 모르겠지, 아직도 할 게 이렇게 많다는 걸!

어쨌든 100년 전 학교를 조사하기 시작했다. 숙제를 마칠 때까지 쌤이 실험실 사용을 금지했기 때문이다. 새로운 사탕 아이디어가 잔뜩 있는데. 아이디어가 날아가기 전에 얼른 숙제를 해버리기로 했다. 100년 전 학교는

지금과 비슷했는데 몇 가지 신기한 점이 있었다. 시험 보기가 인생에서 어마어마하게 중요하다는 것. 사실 TTX를 몰래 탄 것도 그것 때문이었다. 종이 몇 장으로 이루어진 시험이라는 게 너무 궁금했기 때문이다. 그게 대체 뭐기에 100년 전 아이들은 그토록 괴로워했을까?

학교는 세상에서 제일 재밌는 곳 중 하나가 아닌가? 친구들이 있고, 배우고 싶은 건 뭐든지 배울 수 있고, 실험실도 있고, 어른도 별로 없고! 물론 숙제가 좀 많을 때도 있긴 하지만. 드디어 창고에 있는 낡은 TTX를 실험해 볼 시간이 된 것이다. 물론 엄청나게 위험하다는 건 알고 있었지만, 만약 여행에 성공하면 우리 학교에서 처음으로 TTX를 혼자 운전한 애가 되는 것이다. 하하.

시간 조절기를 100년 전인 2017년으로 맞춰놓고 장소는 교실로 입력한 뒤 수면 기능으로 들어갔다. 제대로 도착하면 TTX가 자동으로 주머니에 쏙 들어갈 만한 크기로 줄어들도록 조절해놓고서. 그렇게 학교 주차장에서 기절했다 깨어났다. 머리에는 커다란 혹이 생겼지만, 어쨌든 시간 여행에 성공한 것이다. 지금 생각해도 난 참 대단하다. 어쨌든 만능 주머니에 TTX를 넣고서 학교로 들어갔다.

솔직히 학교는 별로 재미있어 보이지 않았다. 학생들은 대부분 교실에 머물러 수업을 받았고, 거의 앉아서 책을 보며 공부했다. 으, 이러면 누구라도 재미없겠지. 하지만 급식 시간과 매점, 쉬는 시간은 좋았다. 꿀맛 나는 급식에, 쉬는 시간에 매점으로 달려가 사 먹는 빵 맛, 라면 맛. 단짠단짠은 정말이지 진리다. 다시 수업 시간이 되면 지루했지만. 도서관에서 살다시 피 하는 단테 녀석이라면 좋아했을 수도 있겠지. 실험실에서 고글과 장갑을 끼고 이것저것 만드는 걸 좋아하는 나로서는 온몸이 찌뿌드드했다. 그렇게 별 성과도 없이 돌아가려던 차에 별이, 유준, 만세를 만났다. 출발 전 한숨 자려고 빈 교실에 들어갔는데 자다 일어나 보니 미래 수업이 한창이었다. 교실에서 책상에 앉아서 수업하는 건 마찬가지였지만, 수업의 주제는 흥미로웠다. 100년 전을 궁금해하는 나와 미래를 궁금해하는 동갑내기들. 제대로 만난 것이다!

그렇게 몇 달간 별이, 차박, 만세와 미래 수업을 들었다. 하늘을 나는 스케이트보드나 만능 주머니, 청소년 대통령, 동물 복지사처럼 이미 있는 것들을 미래 아이디어로 이야기할 때는 답답해서 내 정체를 밝힐 뻔했지만, 아이들은 별로 눈치채지 못하는 것 같았다. 네 가지 미래는 솔직히 되게 재미있었다. 우리 학교에도 미래 수업이 있지만 선택 과목이라 별로 관심이 없었다. 미래 수업 듣는 애들은 어쩐지 표정이 심각해서 나랑 어울리지 않는 것 같았다. 근데 과거 애들이랑 미래에 관해 이야기하는 건 재미있었다. 중단 없는 성장, 붕괴와 새로운 시작, 보존, 변형. 흠, 그럼 내가 사는 곳은 어떤 미래에 가까울까?

2117년 현재, 2017년에서 100년이 흘렀지만 여전히 사회는 네 가지 모습이 섞여 있다. 달라진 한 가지! 시험이 사라지고 학교는 재미있는 곳이 되긴 했지만. 실은 나도 별이, 차박, 만세처럼 미래에 대해, 꿈에 대해 고민이 많았다. 처음에는 역사 숙제를 하러 간 거였지만 나중에는 진짜 미래를 배우는 기분으로 수업에 참여했다. 미래쌤 말대로 미래가 파도타기라면 나도 별이, 차박, 만세와 함께 서핑을 하는 기분이랄까. 미래에서 온 내가 미래를 고민하다니 좀 우습기도 하지만.

수업을 마치고 다시 미래로, 아니 현재로 돌아온 뒤부터 애들이 너무 궁금했다. 다들 어떻게 지내고 있을까? 유준이는 원하는 대로 의사가 됐을까? 별이는 카멜레온처럼 재미있는 삶을 살고 있을까? 만세는 하고 싶은 일을 찾았을까? 그러고는 깨달았다. 나는 미래인이 아닌가! 얼마든지 이들의 꿈을 확인해볼 수 있는 것이다. 그날부터 세 사람을 찾아보기로 했다. 그리고 놀랍게도 바로 우리 학교에서 한 사람을 찾았다.

우리 학교에서 제일 과묵하고, 제일 책도 많이 읽고, 제일 나이가 많은 사람. 미래 수업 선생님 흰수염고래가 바로바로 강만세인 것이다! 오 마이 갓. 흰수염고래는 얼굴이 양털처럼 새하얀 수염으로 뒤덮인 채 다니는 할아버지 선생님으로 미래를 가르치는 것 외에는 특별히 아는 바가 없었다. 이렇게 점잖은 강만세라니. 그래서 뒤를 좀 밟아보았다. 그렇게 알게 된 또하나의 사실. 강만세는 SF 작가 '캉만'이기도 했다. 매년 세계 SF 문학상 후보로 오르는 '캉만'이 흰수염고래라니. 아니, 강만세라니! 어쩐지 잘 어울린다는 생각이 들었다.

얼마 후 차박도 찾았다. 차박은 만세보다는 좀 멀리 있었다. 남미에 있는 작은 마을에 살고 있었으니까. 차박은 세상에서 가장 멋진 파트너와 함께였다. 차박의 파트너 로바는 감정이 있는 로봇으로, 차박과 함께 병원이 없는 마을을 돌아다니며 아픈 사람들을 치료하는 일을 했다. 외과 의사인 차박과 심리 치료를 잘하는 로바는 그야말로 환상의 커플이었다. 차박이

쓰러지기 전까지 두 사람은 80년이 넘는 시간을 함께했다. "아직은 세상에 제가 할 일이 남아 있나 봅니다." 수술을 마치고 마취에서 깨어난 차박은 활짝 웃으며 인터뷰에 응했다. 차박을 위해 1000가지 과일이 들어간 비타민 사탕, 포근한 포옹 사탕, 간지럼 사탕을 포장해서 보냈다. 22라는 숫자와 함께.

별이를 찾는 게 가장 어려웠다. 그도 그럴 것이 별이는 지구에 없었다. 별이는 현재 화성에서 살고 있었다. 카멜레온처럼 다양한 친구들과 함께. 20대의 별이는 전 세계 친구 사귀기를 목표로 세계 여행을 떠났다. 그리고 한 친구에게 배운 지혜를 다음에 만난 친구에게 전수하는 방식으로 세계 여행을 이어갔다. "별과 별 사이는 빛으로 채워져 있어요. 저는 그 빛을 좀 더 환하게 하는 사람이죠." 이후 별이는 건축가가 되었다. 별이는 누가 사느냐에 따라 모양이 달라지고 개성이 바뀌는, 살아 있는 공간이자 친구 같은 집을 만들었다. 이제 별이는 화성에 살아 있는 도시 '아리'를 만들고 있었다. "아리는 일종의 미래 도시죠. 불가능해 보이지만 실은 무엇이든 될 수 있어요."

"야옹."

그래, 투투. 나도 보고 싶어.

유준이는 오늘도 심각한 얼굴로 흘러내리는 안경을 밀어 올리며 고민하고 있겠지. '의사가 정말 맞는 꿈일까?' 하며. 별이는 오늘도 넘치는 에너지로 즐거운 사건을 맞이할 것이다. '혹시 이게 내 꿈일까?' 하며. 만세는 오늘도 지루해하며 하품하고 있을 테고. '언젠가는 하고 싶은 꿈이 생길까?' 하며. 100년 후 어떻게 살고 있을지, 얼마나 멋진 삶이 펼쳐질지, 지금은 상상조차 못 하겠지만.

그리고 오늘 나는 생각한다. 나에게는 어떤 미래가 올까? 나는 어떤 미래를 만들어갈까?

"야옹."

투투, TTX를 고쳐볼까?

"야옹."

숙제나 빨리하라고?

"야옹."

100년 전 고양이는 정말이지 잔소리꾼이다.

"야옹."

과거 여행을 다녀온 뒤 새로운 사탕을 세 종류 만들었다. 먹으면 미간을 찌푸릴 만큼 쌉싸름하지만 어쩐지 어른의 마음을 이해하게 되는 차박 사탕, 눈이 번쩍 뜨일 만큼 새콤한 맛과 입이 얼얼할 만큼 매콤한 맛이 입안에서 폭죽처럼 터지는 별이 사탕, 먹으면 따뜻한 아랫목에 누운 것처럼 잠이 솔솔 오면서도 밤새도록 꿈꿀 수 있는 만세 사탕. 어쩌면 내 꿈은 사탕을 마음껏 만들 수 있는 미래, 사탕을 좋아하는 사람이 많은 미래일지도 모르겠다.

"야옹."

오늘은 잔소리 고양이 사탕을 만들어봐야지.

미래의 무한한 가능성을
믿고 즐겨라

기홍   윤하쌤, 드디어 수업을 마쳤네요.

윤하   그러게요. 수업하는 동안 즐거웠는데, 마친다니 많이 아쉬워요.

수업은 끝났지만, 미처 하지 못한 말을 한 마디씩 해볼까요?

기홍   좋습니다. 저는 무엇보다 미래는 혼자서 만들어갈 수 없다는
말을 전하고 싶어요. 마지막 수업에서 이야기했던 '파도타기'
의 의미는 유연하게 변화의 파도를 타고 나아가면서도 용기
있게 자기 중심을 지키는 것이 중요하다는 건데, 이때 나와 비
슷한 생각을 가진 사람들과 함께 힘을 모으는 것도 필요하죠.

윤하   맞아요. 한국미래전략연구소의 비전도 그런 것이잖아요?

기홍   한국미래전략연구소의 머리글자를 딴 줄임말 '한미소'라는 단

어에는 '다양한 사람들이 힘을 합쳐 대안 미래를 고민하고 만들어가며 함께 미소 짓겠다.'는 꿈이 담겨있죠. 실제로 지금 함께하는 사람들 중에는 우리 미래 수업을 들었던 친구들도 있고요. 수업을 들었던 학생들이 교사로 참여하는 것이 참 의미 있게 느껴집니다.

윤하 학생들을 처음 만났을 때는 이렇게 인연이 이어질지 상상할 수 없었죠. 제가 마지막으로 전하고 싶은 말도 이러한 미래의 무한한 가능성에 대한 것이에요. 불확실하다는 건 때로 두렵고 불안하게 느껴지지만, 불확실하기 때문에 무한한 가능성을 품고 있죠. 저는 이 책을 읽는 친구들이 자신의 무한한 가능성을 믿고, 미래를 즐겼으면 좋겠어요. 자신을 믿고, 주위 사람들과 더불어 미래를 준비할 때, 어느 순간 자신이 바라는 미래가 가까이 와 있을 거라고 생각해요. 남들 눈에 최고의 미래는 아닐지라도, 나만의 미래를 만들 수 있는 거죠.

기홍 무엇보다 일상 속에서 친구, 가족 등 다양한 사람들과 미래에 대해 대화를 나누고, 바라는 미래를 위해 작은 것이라도 행동으로 옮기는 게 중요하겠죠.

윤하 맞습니다. 미래는 누가 선물해 주는 것이 아니라 스스로 만드는 것이니까요.

별이 쌤!

만세 저희 왔어요!

유준　놀러오라고 하셔서 진짜 놀러왔어요.

기홍　별이, 만세, 유준이까지! 반가워요.

윤하　와, 못 본 사이에 키가 큰 것 같은데요.

만세　보니까 되게 멋있는 말씀 하시는 것 같던데.

별이　미래는 혼자서 만들어 갈 수 없다! 자신을 믿고 즐겨라!

유준　하긴 수업 후에 정말 미래 생각을 많이 하게 됐어요.

별이, 만세　저희도요!

별이　그리고 쌤. 저희 미래 연구 동아리 만들었어요!

기홍　동아리까지! 어떤 연구를 하고 있나요?

만세　미래 문제.

윤하　미래 문제 해결?

별이　해결이 아니고.

유준　만들기요.

기홍, 윤하　만들기요?

별이　네 쌤! 미래에는 무슨 일이 일어날지 모르니까 앞으로 생겨날 문제를 만들어보고, 그 문제를 해결도 하는 거예요.

윤하　미래 문제 만들기 동아리라. 멋지네요. 가르친 보람이 있는데요?

별이　그렇죠? 아직 회원은 저희 셋뿐이지만.

만세　근데 쌤. 지금 저희 문제는…….

유준　배가 고프다는 겁니다.

기홍   하하. 미래 연구도 식후경.

모두   맞아요!

윤하   그럼 일단 맛있는 거 먹으러 갈까요?

모두   좋아요!

부록

내가 살고 싶은 미래는?

청소년 선호 미래 검사

다양한 미래 사회 중에서 여러분이 어떤 미래를 선호하는지 알아볼 수 있는 검사입니다.
한국미래전략연구소와 한국잡월드가 공동으로 개발했습니다. 아래 문항을 잘 읽고, 평소 자신의
의견과 가장 일치하는 것 한 개를 골라 ∨ 표시하세요.

순번	올 것 같은 미래	전혀 그렇지 않다 (1점)	그렇지 않다 (2점)	보통이다 (3점)	그렇다 (4점)	매우 그렇다 (5점)
1	자연이 파괴되더라도 인공자연으로 대체할 수 있다.					
2	인간은 자연 앞에서 작은 존재라고 생각한다.					
3	동물도 사람처럼 생명권이 보장되어야 한다.					
4	나에게 인터넷 세계도 현실 세계만큼 중요하다.					
5	자기 계발을 위해 경쟁은 필요하다.					
6	나는 사냥을 해보고 싶다.					
7	훌륭한 리더의 첫 번째 조건은 도덕성이다.					
8	미래에는 죽음도 극복할 수 있을 것이다.					
9	나는 바쁠 때는 먹고 자는 것조차 귀찮을 때가 있다.					
10	나는 농사를 지어보고 싶다.					
11	사람들은 환경보호를 위해 매일 노력해야 한다.					
12	미래에는 인종, 성별, 나이 등 현재의 기준이 무의미해질 것이다.					
13	사회에서 1등이 더 대우를 받는 것은 당연하다.					
14	물 소리, 바람 소리 등 자연의 소리를 좋아한다.					
15	나는 중고 물품을 기꺼이 사용할 수 있다.					
16	나는 외계인이 있다고 믿는다.					
17	나는 우리나라가 빈부 격차가 있더라도 세계 최고의 강대국이 되었으면 좋겠다.					
18	나는 정글 탐험을 해보고 싶다.					
19	나만 잘사는 것보다는 다 같이 잘사는 게 더 중요하다.					
20	나는 가상의 게임 세계로 들어가 직접 살아보고 싶다.					

순번	올 것 같은 미래	전혀 그렇지 않다 (1점)	그렇지 않다 (2점)	보통이다 (3점)	그렇다 (4점)	매우 그렇다 (5점)
21	잠을 자지 않고 피로를 푸는 약이 나오면 사용하고 싶다.					
22	나는 돈이 별로 없어도 삶에 만족하며 살 수 있다.					
23	멸종 위기 동물이나 유기 동물에 관련된 일을 해보고 싶다.					
24	과학기술을 활용해 나의 몸을 변형시켜 보고 싶다.					
25	인류 역사를 돌아보면 뛰어난 1퍼센트의 인재에 의해 발전해왔다.					
26	나는 거대한 도시보다 작은 마을에서 사는 것이 좋다.					
27	도덕적으로 올바른 삶을 사는 것이 가장 중요하다.					
28	미래에 인간은 더 나은 무엇인가로 진화할 수 있다.					
29	에너지 고갈 문제는 과학기술로 해결될 것이다.					
30	나는 목표를 향해 달려가는 삶보다, 느리지만 여유로운 삶을 사는 것이 더 중요하다.					
31	나는 화려한 것보다는 소박하고 수수한 게 좋다.					
32	나는 지구 밖의 또 다른 행성에서 살아보고 싶다.					
33	아이언맨 슈트가 나오면 꼭 한번 입어보고 싶다.					
34	나는 컴퓨터가 없어도 재미있게 노는 방법을 알고 있다.					
35	나는 다수를 위해서라면 언제나 양보할 수 있다.					
36	인간과 구별이 어려운 로봇이 존재한다면, 인간과 똑같이 존중받아야 한다.					
37	행복한 삶을 위해서는 물질적 풍요가 기본이 되어야 한다.					
38	나는 지금의 불합리한 세상을 무너뜨리고 다시 새롭게 시작하였으면 좋겠다.					
39	현재의 환경, 에너지, 자원 문제를 해결하기 위해서는 무엇보다 강력한 도덕적 리더십이 필요하다.					
40	로봇이 발전하면 인간과 구별할 수 없게 될 것이다.					

서로 같은 색상 문항의 답안 점수를 모두 합산하여, 가장 높은 점수를 찾아보세요.

(내 점수를 세로로 적으면 계산이 쉬워요. 예를 들어 1~4번 문항까지 점수가 3, 4, 3, 4라면 아래 계산표에 세로로 3, 4, 3, 4를 쓰면 됩니다. 아래 숫자는 검사지의 문항 번호입니다.)

❶ + ❺ + ❾ + ⓭ + ⓱ + ㉑ + ㉕ + ㉙ + ㉝ + ㊲ =
❷ + ❻ + ❿ + ⓮ + ⓲ + ㉒ + ㉖ + ㉚ + ㉞ + ㊳ =
❸ + ❼ + ⓫ + ⓯ + ⓳ + ㉓ + ㉗ + ㉛ + ㉟ + ㊴ =
❹ + ❽ + ⓬ + ⓰ + ⓴ + ㉔ + ㉘ + ㉜ + ㊱ + ㊵ =

4가지 미래의 특징

검사 점수가 가장 높은 미래는 여러분이 가장 살고 싶은 미래(선호 미래)입니다.
미래는 정답처럼 한 가지 모습으로 오지 않으며, 다양한 가능성이 열려있습니다.
다음의 네 가지 미래는 하와이대학 미래학연구소에서 제시하는 대안 미래의 모습입니다.
각 미래는 각기 다른 가치를 추구하며, 더 좋고 나쁜 미래가 없이 서로에게 대안이 됩니다.

중단 없는 성장 "1%가 이끄는 넘버원 메가 시티"

과학기술의 진보와 물질적 풍요로움을 중시하는 사회입니다. 인류는 끊임없는 성장을 통해 편리한 삶을 누리게 됩니다. 환경오염과 에너지 고갈 문제도 과학기술로 해결되어 의학 기술 발달로 인간의 평균 수명은 점점 더 길어집니다. 인종, 나이, 성별보다는 개개인의 능력이 중요시되며, 이 사회를 이끌어 가는 것도 경쟁에서 승리한 1퍼센트입니다. 가난한 사람은 없지만, 상대적 양극화는 심한 사회이기도 합니다.

붕괴와 새로운 시작 "처음부터 다시 시작하는 느림사회"

어떤 원인으로 인해 기존의 가치와 질서가 완전히 붕괴되고 인류가 새롭게 시작하면서 맞게 될 사회입니다. 모든 것이 느리고, 부족하고, 불편하지만 정신적 행복, 느긋함, 여유 등 기존에 소외받았던 가치를 중시하여 살아가게 됩니다. 새로운 시작을 하는 만큼 생존을 위한 노력과 미래에 대한 새로운 대안도 찾아 나가야 합니다. 붕괴의 원인은 환경오염, 자연재해, 대규모 전염병, 전쟁, 경제적 위기 등 다양합니다. 붕괴미래는 현재 사회의 문제점에 대한 경고의 메시지를 담고 있기도 합니다.

보존 "도덕과 절제가 자연스러운 군자의 나라"

모든 것을 절제하고 아껴서 미래 세대에게 좋은 미래를 물려주고자 노력하는 사회입니다. 사회 구성원의 협동과 노력으로 유지되며 이를 이끄는 리더 또한 강력한 도덕성과 책임감으로 사회의 안정을 추구합니다. 발전보다는 현 상태를 지속 가능하게 만드는 것이 중요하며 이를 위해 때로는 개개인의 희생이 필요하기도 합니다. 이 사회의 과학기술은 에너지 문제나 환경문제 등 다수의 문제 해결을 위해 집중되며 사회구성원 간의 경제적 격차가 거의 없는 사회이기도 합니다.

변형 "지구를 벗어난 포스트휴먼의 세계"

인간과 기계의 결합, 로봇과의 공존, 가상현실 세계 보편화, 우주로의 생활권 확장 등 과학기술을 바탕으로 인류의 한계를 뛰어넘는 사회입니다. 인간과 기계, 현실과 가상의 경계가 뚜렷하지 않으며 로봇, 인공지능, 화성인, 외계인 등 다양한 존재들과 공존하며 살아갑니다. 번데기가 나비로 재탄생되는 것처럼 지구와 인류는 상상할 수 없는 모습으로 변형됩니다. 물질적인 한계를 극복하고 무한한 상상력의 끝을 시험해볼 수 있는 미래이기도 합니다. 이 미래에서 인간은 더 이상 세계의 주인공이 아닙니다.

이 도서의 국립중앙도서관 출판시도서목록(CIP)은 서지정보유통지원시스템 홈페이지(http://seoji.nl.go.kr)와 국가자료공동목록시스템(http://www.nl.go.kr/kolisnet)에서 이용하실 수 있습니다. (CIP제어번호: CIP2017030867)

십대를 위한 미래 진로 교실

초판 1쇄 발행 2017년 12월 1일
초판 2쇄 발행 2019년 10월 10일

지은이 황윤하·박기홍
펴낸이 윤미정

펴낸곳 푸른지식 **출판등록** 제2011-000056호 2010년 3월 10일
주소 서울특별시 마포구 월드컵북로 16길 41 2층
전화 02)312-2656 **팩스** 02)312-2654
이메일 dreams@greenknowledge.co.kr
블로그 greenknow.blog.me

ⓒ 황윤하·박기홍 2017
ISBN 979-11-88370-07-8 43300